多用立體思考，人生可以很幸福！

翁樂天 / 著

博客思出版

目錄

自序

當我搜尋古往今來有關「立體思考」的故事時，不經意地發現，中、外許多傑出人物在不同時、空中，都不約而同地運用著「廣度、深度、高度」的思考模式。他們的成就有許多是來自於不斷地努力與卓越的智慧，而他們的智慧常來自於「立體思考」。

羅馬詩人及作家朱文諾(D. J. Juvenal)說：「智慧是命運的征服者。」(Wisdom is the conqueror of fortune.)智慧高的人洞悉事理、正確判斷事物的能力比平常人強，因此，生活多半比較順遂，即使遇到困難，也多半能夠化解。所以，人生中很重要的一件事，就是要學習「立體思考」，因為它可以幫助我們得到智慧；尤其是當「立體思考」在生活中逐漸形成為一種習慣時，將為我們帶來無窮的利益。當一個社會具有這種思考習慣的人越多，我相信受騙、上當、盲從、衝動的事件就會越來越少；相反的，智慧、勇敢、節制、美善的事情就會越來越多，而國家、社會也因此變得更加幸福且充滿正義。

在此，我想承認自己只是一位平凡百姓，撰寫此書不代表個人在思想或言行上高人一等；但是，個人願意不揣淺陋，將人生體驗與朋友分享，無非是希望能拋磚引玉、相互砥勵，以共同創造美好未來。

本書內容涉及多項領域，謬誤之處在所難免，還望各界賢達不吝賜教，來信請寄 go.hiking@msa.hinet.net

翁樂天 謹誌

二〇〇九年仲夏 於桃園

多用立體思考，人生可以很幸福！

第1章

缘起

第一章 緣起

高中時期，曾經讀過一本科學雜誌，由於內容新奇有趣，所以，至今仍然印象深刻。書中提到，在二度空間的世界裏，所有「物體」都是平面的；二度空間的生物沒有高度的觀念，所以，他們可以前後、左右地移動，但是無法理解，也不懂得上下跳躍。其中，有一個「人」因為犯了錯，被關在監獄裏。監獄的四周有圍牆，前面有一扇門，門外有「獄卒」看守。由於二度空間的世界沒有高度觀念，所以，監獄的圍牆沒有高度，也不需要屋頂，因為犯人不會從上方逃逸。直到有一天，我們人類發現了這一幕，淘氣地把「平面犯人」從上方吸走，這時「平面獄卒」面臨了空前未有的疑惑，他檢查四周的圍牆都完好無缺，門鎖也未遭到破壞，為什麼犯人會憑空消失呢？以上敘述是針對二度空間事物的假想與推理，同樣地，我們人類是否也可能被高次元的生物所吸走，而發生某人憑空消失的情況呢？有人懷疑百慕達三角許多神祕的失蹤案件與異次元空間有關，當然，這只是人們的臆測，不應該輕易相信，但是，維持適度的幻想與好奇卻未必是一件壞事，因為，幻想與好奇可以激發我們的創意，為科學與藝術帶來無限生機！

為什麼前面提到「平面的世界」是一個二度空間的世界呢？首先，讓我們來推想，什麼是「一度空間」？在現實世界裏，我們只能找到一些類似的場景來作比喻，譬如：在一條鐵道上，要標定一輛火車(火車頭)的位置，首先，我們會設定一個原點，假設是臺中火車站，然後，我們說，火車在臺中火車站北方1,200公尺處(若在南方，則為負值)，這種給一個量度數據，就能標示出火車在鐵道上的位置，那麼火車所活動的空間，我們稱之為「一度空間」。事實上，我們是生活在立體空間之中，我們假設鐵道是一條線段，而火車也只是一段極短的線段，這一切，只是為了方便說明何謂「一度空間」。「一度空間」使用一條軸線(假設為X軸)作為座標系，而使用一個數據x(i)來標示在其空間中移動「物體」的位置。接下來，我們推想什麼是「二度空間」？在日月潭的湖面上，欲標定一艘觀光遊艇(駕駛座)的位置，首先，我們也要設定一個原點，假設是碼頭，然後，我們說，船在碼頭東方900公尺(若在西方，則為負值)，北方300公尺處(若在南方，則為負值)，這種使用兩個量度數據，就能標示出遊艇的正確位置，其所活動的空間，可稱之為「二度空間」。事實上，我們生活在立體空間之中，我們假設船的高度不計，而船也只能在水面上移動，既不能飛起，更不會潛入水底，這一切只是為了方便說明何謂「二度空間」。「二度空間」使用兩條相互垂直的軸線(假設為X軸及Y軸)組成為座標系，用兩個數據x(i)，y(i)來標示在其空間中移動「物體」的位置。同理，在桃園國際機場上空，要標定一架飛機(駕駛艙)的位置，我們還是先設定一個原點，假設是塔台頂端，然後，我們說，飛機在塔台東方7,500公尺(若在西方，則為負值)，北方800公尺(若在南方，則為負值)，上方1,500公尺處(若在原點下方，則為負值)，這種給三個量度數據，就能標示出飛機的正確位置，那麼，飛機所活動的空間，我們稱之為「三度空間」。「三度空間」使用三條彼此垂直的軸線(假設為X軸，Y軸及Z軸)組成為座標系，用三個數據x(i)，y(i)，z(i)來標示在其空間中移動物體的所在位置。有些物理學家認為「時間」是第四度；要標明某航班飛機的動態位置，除了要指明它的空間座標x(i)，

$y(i)$，$z(i)$之外，尚須指明時間$t(i)$。一般認為，直線是一度空間，平面是二度空間，立體是三度空間。我們所居住的房子是立體的，有長度、寬度與高度；我們所駕駛的車子是立體的，有長度、寬度與高度；而我們所使用的紙張，即使再薄，也有一定的厚度。我們的身體每天活動在三度空間之中；然而，值得深思的是，我們心靈活動的空間又是如何？是更為寬廣呢？還是更為狹隘？

透過對社會的觀察，我們不難發現，許多人生活得並不快樂，憂鬱症及自殺案件時有所聞。雖然，造成這種現象的原因，可能是工作壓力，可能是經濟壓力，可能是感情問題，也可能是社會動盪不安，但不可否認的是，每個人的想法與認知，也是造成心情不愉快的主要原因。

台灣有一首歌謠《天黑黑》，歌詞大意是這樣的：

天黑黑，欲落雨，阿公仔拿鋤頭要掘芋。

掘呀掘…掘呀掘…掘到一尾漩鰡鼓(即泥鰍)。伊呀嘿嘟，真止趣味。

阿公仔要煮鹹，阿媽仔要煮淡，兩人相打弄破鼎(即鍋子)……

弄破鼎……伊呀嘿都，啷噹鍥嘟嗆！哇哈哈！哇哈哈！

這首流傳已久的歌謠十分可愛。從農家老夫婦間發生的一樁趣事，反映出一般鄉下人率真樸實的處事風格。鍋子打破了，這下該如何呢？如果可以重來，何不將泥鰍先煮得淡一點，盛出一半，另一半加些鹽再煮一會，或許可以皆大歡喜。其實，問題的癥結出在人的思考習慣。當我們遇到問題時，除了堅持己見、爭執吵鬧，甚至訴諸暴力外，應該有更好的解決辦法。關鍵在於，我們如何去思考。一個經常只想到自己的人，是習慣「點狀思考」的人；兩個「點狀思考」的人在一起，就容易發生衝突。《天黑黑》歌謠中所描述的，就有些類似這種情況。

有些人喜歡鑽牛角尖，所以，經常容易苦惱、生氣。有些人想法太過主觀，以致於冥頑不靈，自以為是。這是否顯示出，人的思想、心靈經常容易受到綑綁？如果我們將思維做些調整，嘗試增加思想的自由度——換言之，摒棄「點狀思考」，運用所謂「廣度、深度、高度」的思考模式——或許我們的心靈就能夠從桎梏中解脫出來，生活也將變得更加幸福且充滿智慧。為了方便說明，我們將「廣度、深度、高度」的思考模式，統稱為「立體思考」。

第 2 章

廣度思考

第二章　廣度思考

以下「瞎子摸象」的故事最適合用來說明，什麼是「廣度思考」？

從前在印度，有一位名叫鏡面的國王，他集合了一群天生就目盲的瞎子，說：「你們曾經見過大象嗎？」瞎子們回答：「沒見過。」鏡面王又問：「你們想知道大象長得是什麼樣子嗎？」瞎子們都回答：「想知道。」鏡面王於是叫人牽來一頭大象，說：「這就是大象，你們摸摸看。」瞎子們好奇地伸手去摸，有摸到象鼻子的，有摸到象牙的，有摸到象耳朵的，有摸到象頭的，有摸到象背的，有摸到象腹部的，有摸到象後腿的，有摸到象前腿的，有摸到象腳印的，有摸到象尾巴的。不久，鏡面王開口問道：「象長得是什麼樣子？」摸到象鼻子的說：「象有如一根彎曲的轅木(駕駛牛車時，套在牛頸背上彎曲的橫木)。」摸到象牙的說：「象有如一支杵。」摸到象耳朵的說：「象有如一個簸箕。」摸到象頭的說：「象有如一座鼎。」摸到象背的說：「象有如一座小山丘。」摸到象腹部的說：「象有如一面牆。」摸到象後腿的說：「象有如一棵樹。」摸到象前腿的說：「象有如一根柱子。」摸到象腳印的說：「象有如一個臼。」摸到象尾巴的說：「象有如一條繩子。」大家都認為自己是對的，別人是錯的，於是，爭執不休，甚至打了起來。鏡面王看了覺得十分有趣，不覺哈哈大笑起來。

以上是佛教《長阿含・世記經・龍鳥品》中所記載的一段故事。故事告訴我們，看事情，不應「以偏蓋全」，而做出太主觀的論斷；就好像那幾位瞎子，所觸摸到的雖然是象，卻不是完整的真象。如果，我們從各種不同的角度來認識問題，那麼是不是比較容易接近真相呢？假設以自我觀點來進行一切事物的思考是一種「點狀思考」，那麼，當我們跳脫自我，轉而從對方的角度來思考問題時，基本上，由「我」至「他」就拉出了一個向度，甚至再延伸到第三、第四乃至無數人的角度。這種跳脫自我或者單一角度，從各種立場來思考問題的模式，可稱之為「廣度思考」。

[Ref.01]

中外歷史上，古聖先賢們運用廣度思考的案例不勝枚舉，以下列舉數則作為參考。

老子

根據司馬遷《史記・老子韓非列傳》上記載，孔子抵達周地，向老子請教周朝的禮儀，老子卻對孔子講述一些深奧的道理。孔子離開後，對學生說：「鳥，我知道牠能飛；魚，我知道牠能游；走獸，我知道牠能跑。曠野的走獸可以用網去捉，深水的魚可以用線去釣，天空的鳥可以用箭去射，至於『龍』我就無法了解牠是不是乘雲駕霧而昇天的。今天我見到老子，感覺他就像是龍。」以中國人對龍的觀念，以上應該是孔子對老子的讚嘆之辭吧！

老子姓李，名耳，字聃，春秋時期，楚國苦縣(今河南鹿邑)人。曾經擔任東周王朝守藏史，掌管圖書典籍的工作。老子觀察大化流行，眼見周室衰微，天下將亂，於是西出崡谷關，打算隱居。守關的官員說：「您隱居之前，能否勉強為我寫些東西？」老子於是應其所求，寫下《老子》一書(亦稱《道德經》)共五千餘字，然後騎著牛出關而去，從此無人知曉他的下落。

老子崇尚「道」，主張「自然」、「無為」。一般人容易誤解，以為「無為」就是無所事事，或者無所作為。如果老子的原意真是如此，那麼著述《道德經》不就違背了自己的信念？況且，人的食、衣、住、行都需要打理，又怎麼能夠無所作為呢？老子所謂的「自然」與「無為」究竟是何涵意呢？《伊索寓言》中有這麼一則故事：

有一天，北風與太陽起了爭執，爭論他們之中誰的力量最大，就在雙方各說各話，僵持不下的時候，看見遠方有一位旅人正朝他們走了過來，太陽說，眼下就有一個機會可以解決你我的爭端，誰能脫去那人身上的外衣，誰的力量就最大。北風欣然接受這項提議，太陽也二話不說，立刻鑽進烏雲裏去。北風滿懷著信心，鼓脹起嘴，吹出一陣又一陣的寒風；然而，北風吹得愈是賣力，那人卻將身上的外衣裹得愈緊，經過一次又一次的嘗試，最後，北風不得不承認失敗。這時，太陽從烏雲裏探出頭來，將溫暖的陽光撒向大地，僅一會兒工夫，那人就走得汗流浹背，最後，迫不及待地將外衣脫了下來；於是，太陽贏得了這場比賽。

人活在這世上，冷穿衣，熱脫衣，是極其自然的事；餓吃飯，渴飲水，也是極其自然的道理。以上的故事告訴我們，與其採取「強制的手段」，不如「因勢利導」；與其採取「無知妄動的作為」，不如採取「自然而然，看似沒有作為的作為」。或許，這就是老子所謂的「自然」與「無為」吧！

有些西方學者認為，老子的思想在當時是極其前衛的。因為，他挑戰中國傳統對「聖賢」、「仁義」的固有觀念，而大膽闡述其獨到、創新的看法。玄妙的是，老子在其著述中還談論到宇宙本體的問題。我們知道，老子思想的核心是「道」；然而，何謂「道」？引用老子的話「有物混成，先天地生。寂兮寥兮，獨立而不改，周行而不殆，可以為天地母。吾不知其名，強字之曰道，強為之名曰大。」白話的意思是說「有樣東西混然而成，在天、地誕生之前就已經存在。它無聲、無形，獨立長存而不改變，循環運行而不止息，可說是天、地的母親。我不知道它的名字，勉強稱之為『道』，勉強為它命名為『大』。」又說「孔德之容，惟道是從。道之為物，惟恍惟惚。惚兮恍兮，其中有象；恍兮惚兮，其中有物。窈兮冥兮，其中有精；其精甚真，其中有信。自今及古，其名不去，以閱眾甫。吾何以知眾甫之狀哉？以此。」譯成白話就是「大德的外貌，完全是隨著『道』的作用。『道』這種東西，恍恍惚惚，若有似無。似有似無中，有了形像；似有似無中，有了萬物。幽遠昏暗中，有了生聚的氣息；這生聚的氣息相當真實，也信實可靠。從現在追溯到遠古，萬物始終生生不息，可據此以觀察萬物之本源。我如何知道萬物本源的狀態呢？就是根據大德的外貌。」老子說：有樣東西混然而成，在地球及一切天體形成之前即已存在，老子勉強稱之為「道」。又說：「道」這種東西，恍恍惚惚，若有似無的，卻產生萬物生滅循環的現象。綜上所述，或許我們可以說老子所謂的「道」，乃是萬物的本源，其中涵蓋了萬物的原始成份及運作動力；所謂的「德」，乃是萬物各依據「道」，而自然擁有的特質。

老子對「道」的觀察不僅止於此，他進一步地指出，「道」在運動變化的過程中會產生相互依存的矛盾對立，對立雙方的狀態不會永遠停滯不變，而是自然地朝著反方向轉化，且轉化的作用是微弱的。舉例來說，寒冬與酷暑是一組對立，而寒冬與酷暑的狀態不會永遠停滯不變，冬天會朝著夏天轉變，夏天也會朝著冬天轉變，而每一天的轉變相當輕微，看似沒有作為，卻在不知不覺中由夏天進入了冬天，然後在不知不覺中又由寒冬邁入了炎炎夏日。「寒冬」與「酷暑」如此，「有」與「無」，「生」與「死」，「福」與「禍」亦復如此。這就是老子所謂「反者道之動，弱者道之用」的意思吧？！

了解「道」的運作模式後，我們將更能體會老子所謂「禍兮，福之所倚；福兮，禍之所伏。」其中所表達的意涵。一般人，身處順境時，總是眉開眼笑，志得意滿，很少會想到可能演變成災難的一面；身處逆境時，則愁眉不展，消極逃避，很少會想到這或許是未來光明幸福的契機。老子根據「道」的運轉法則，從對立面解析並認識問題，這種不執著於一面，能從正反兩面來看待問題的方式，無疑的，就是一種「廣度思考」。[Ref.02, 03, 04, 05]

孔子

儒家思想對中國所產生之影響是極其廣泛，而且深遠的。幾乎每一個中國人都知道孔子，也聽說過儒家；然而「儒」是什麼？根據東漢鄭玄對《禮記・儒行篇》之注疏「儒之言，優也，柔也，能安人，能服人。又，儒者，濡也，以先王之道，能濡其身。」由以上說法，我們知道「儒」是藉由教育、濡染以吸收堯、舜、禹、湯、文、武、周公等先王之道的人。儒者特別重視品格、禮儀與學問之修養，而其言語優雅、柔和，能安撫人，能說服人。提起儒家，總會讓人聯想到儒家學派的創始人----孔子。

孔子，名丘，字仲尼，春秋時期，魯國昌平鄉陬邑(今山東曲阜東南)人，約誕生於公元前五百五十一年。出生時，據說因為頭頂中央凹陷，周圍隆起，所以取名為丘。年幼時，父親叔梁紇去世，由母親顏氏帶大。由於家計困頓，加上母子經常受到鄉里人士排擠，所以，激勵著孔子從小就懂得奮發向上。

年青時的孔子一方面謀生，一方面刻苦自學；每次遇到問題，總是勤學好問，用心思考，因此，在社會上逐漸以博學、知禮而享有聲譽。孔子十七歲那年，魯國大夫孟釐子跟隨魯昭公前往楚國；回國後，孟釐子深深為著沒有行好禮儀而自責，所以，他在臨終前囑咐其子孟懿子，說：「孔丘年紀輕輕就博學好禮，你日後一定要跟他學習禮儀。」孔子成年後，曾經擔任倉庫及牧場的管理工作，他所管理的錢糧、牲口都滋生眾多；然而，孔子的長相卻不像他的才華那樣出眾。傳說他是一名醜男子，身高九尺六寸(古制)，算是一位長人。

有一段時期，魯國發生內亂。當時，孔子正值壯年，為了理想，於是前往齊國作高昭子的家臣，希望有機會能夠接近景公。果然，齊景公幾次詢問孔子為政之道，並打算把尼谿之地封給孔子，卻被大臣晏嬰所攔阻。齊國大夫極力排擠孔子，景公於是改口說：「我老了，沒法用你了。」孔子只得離開齊國，回到魯國。

孔子在年約五十一歲時，擔任魯國中都地方主管，由於政績卓著，被擢升為掌管土木營建的司空。過了幾年，又升任為大司寇，掌理司法刑獄，並參與國家重大決策。當時，魯國治安不好，上有亂臣，下有竊盜，且頗為猖狂。孔子上任後，誅殺亂臣，懲治盜匪，僅僅三個月的時間，國內治安立見改善。魯國境內，夜不閉戶，路不拾遺，商人不敢隨便哄抬物價，消息很快地便傳到齊景公的耳裏。

齊景公擔心魯國興盛對齊國不利，於是聽從黎鉏的建議，挑選擅長歌舞表演的美女八十人及斑紋華美的駿馬一百二十匹贈送給魯國，藉以消磨魯國君臣的志氣。魯國上卿季桓子勸魯君收下禮物，君臣們一同遊賞玩樂，沉迷其間，致使政務荒廢。孔子苦勸未果，失望之餘，便帶領弟子們離開魯國，展開周遊列國之旅，當時孔子年約五十五歲。

孔子等一行人到了衛國，寄宿在子路的大舅家裏。衛靈公問孔子：「你在魯國的俸祿是多少？」孔子答：「粟，六萬小斗。」衛國也依此規格給付。不久，有人向衛靈公進言，不斷詆譭孔子。孔子擔心出事，待了十個月就離開衛國。

在經過匡城(今河北省長垣縣)的時候，匡人將孔子誤認為是曾經虐待過他們的陽虎，便四處搜索圍捕，想要殺他洩憤。慌亂中，弟子顏淵失散。匡人搜捕了五天才知道是一場誤會，於是同意讓孔子離去。

孔子回到衛國，又前往曹國、宋國、鄭國，然後來到陳國。不料，晉、楚、吳三雄爭霸，陳國經常受到侵擾，孔子住了幾年，感嘆地說：「回去吧！」於是離開陳國。

在經過衛國的時候，衛靈公聽說孔子來了，非常高興，親自出城迎接。可惜孔子的施政理念與衛靈公不同，所以沒有立即受到重用。有一天，衛靈公問起作戰佈陣之事，孔子說：「祭典的事，我聽說過。至於軍隊作戰的事，卻未學過。」第二天，靈公與孔子談話時，突然有一群雁子飛過，衛靈公只顧抬頭仰望，完全忽略了孔子的存在，孔子感覺受到冷落，便自動離開衛國。

孔子帶領著弟子們轉往陳、蔡邊境住了幾年，楚昭王聽到消息，有意派人前往禮聘孔子。陳、蔡兩國的大夫商議說，孔子是一位有才德的人，凡他所批評的都切中諸侯的弊病，如今他久留陳、蔡之間，各位大夫的所作所為可能都不合他的心意，如果楚國重用孔子，那我們陳、蔡兩國掌權的大夫就危險了。於是，雙方派兵把孔子圍困在原野。不久，糧食也斷絕了。隨行弟子餓得發慌，孔子卻依舊讀書、講學、彈琴、唱歌。子路滿懷懊惱地來見孔子，說：「君子也會這樣窮困潦倒嗎？」孔子說：

「會的。只不過君子遭逢窮困時，仍然能堅守本份；小人遇到窮困時，卻什麼事都做得出來。」孔子知道弟子們心情沮喪，於是差遣子貢到楚國。楚昭王在了解狀況後，立即派兵前來迎接孔子，這才化解了一場正在蘊釀中的災難。昭王想把七百里大的地方封給孔子，楚國的令尹子西勸阻，說：「當初文王在豐邑，武王在鎬京，以百里的小國，兩代的經營，而統一天下。現在孔丘如擁有七百里土地，又有子貢、顏回、子路、宰予等多位弟子輔佐，這對楚國來說並非好事。」昭王聽完後，立即打消封地給孔子的念頭。

孔子離開楚國又回到衛國。這時衛國君主出公輒的父親流浪在外，無法回國繼位，許多諸侯對衛君的名份都提出質疑，而孔子有許多弟子正在衛國做官，衛君有意禮聘孔子輔佐政事，子路向孔子探詢：「衛君期待您幫忙治理國政，夫子打算先從哪裏做起呢？」孔子說：「必須要先正名份。」子路說：「有這個必要嗎？夫子也太不實際了吧！何必要正名份呢？」孔子說：「你真是粗魯啊！要知道名不正，則言不順；言不順，則事不成。」

公元前四百八十四年，由於弟子冉有的舉薦，魯國大夫季康子備妥禮儀，迎接孔子回到離開了十四年的魯國。魯哀公問孔子：「如何才能使人民信服？」孔子回答：「舉用正直的人，離棄那些不正直的人，人民才會信服。」季康子亦向孔子請教為政之道，孔子回答：「為政就是要行正道。您帶頭行正道，還有誰敢不走正道呢？」或許這些話正點到了他們的難處，所以魯國沒有再重用孔子。

孔子眼看自已年華漸已老去，而政治抱負卻無法施展，於是將精神專注於講學及古代典籍的整理上。他刪整詩、書，編定禮、樂，序贊周易，編撰春秋。他教導學生，除了知識的傳授外，更重視品德、禮儀及音樂的修養。他不分貧富、貴賤，對學生因材施教，前後所教授的弟子達三千多人。

公元前四百七十九年四月己丑日，孔子因病去世，享年七十三歲。弟子們為他服喪三年，子貢更在老師墓旁築屋而居，六年後，方始離去。

想要了解孔子的思想言行，就必須研讀《論語》。《論語》中經常談論的主題，包括：仁、義、禮、知、孝、弟、忠、信、恕、中庸、君子，以及為政之道等。其中最核心的概念是「仁」；然而，何謂「仁」？有子曰：「孝弟也者，其為仁之本與？」（論語・學而篇）譯成白話是「孝順父母，敬事兄長，這就是仁的根本吧？」換言之，孝弟這種親情之愛，就是仁的根本與發端。樊遲問「仁」。子曰：「愛人。」（論語・顏淵篇）；仲弓問仁。子曰：「出門如見大賓，使民如承大祭。己所不欲，勿施於人。」（論語・顏淵篇）；子曰：「夫仁者，己欲立而立人，己欲達而達人。」（論語・雍也篇）；由以上對話我們發覺，孔子把「仁」的解釋，由親情之愛擴展開來，而成為廣泛的愛人。「仁」除了作「愛人」的解釋之外，在《論語》中尚有其他的詮釋。子曰：「剛、毅、木、訥，近仁。」（論語・子路篇）；子曰：「仁者不憂。」（論語・子罕篇）；子曰：「巧言令色，鮮矣仁。」（論語・學而篇）；子張問「仁」於孔子。孔子曰：「能行五者於天下，為仁矣。」請問之。曰：「恭、寬、信、敏、惠。」（論語・陽貨篇）；顏淵問仁。子曰：「克己復禮為仁。」（論語・顏淵篇）；司馬牛問仁。子曰：「仁者，其言也訒。」（論語・顏淵篇）；綜上所述，我們發現，孔子似乎將「仁」的概念，由內在的思想擴充為外顯的特質以及德性了。

「仁」作為一種愛人的思想及德性，在生活中又該如何去實踐呢？子曰：「弟子入則孝，出則弟，謹而信，汎愛眾，而親仁。行有餘力，則以學文。」（論語・學而篇）；顯然，孔子認為弟子們要先學習愛人，然後再去學習詩書等文藝；而學習愛人的過程中，則講求由近而遠，循序漸進；先要求對父母孝順，其次對兄弟友愛，而後對朋友有信，再擴大為廣泛的愛人。《禮記・曲禮》上說「道德仁義，非禮不成。」；子曰：「克己復禮為仁。」顏淵曰：「請問其目？」子曰：「非禮勿視，非禮勿聽，非禮勿言，非禮勿動。」（論語・顏淵篇）；孟懿子問孝。子曰：「無違。」樊遲曰：「何謂也？」子曰：「生，事之以禮。死，葬之以禮，祭之以禮。」（論語・為政篇）；由此可見「禮」在落實「仁」，是生活中行為的準則；有了這層認識，我們對於孔子的好禮，就不會感到特別奇怪了。

孔子非常喜歡周朝的儀禮及典章制度。周朝的典章制度記載在《周禮》一書，其中明確訂定了各類官職及其職掌；而《儀禮》中詳細訂定了成人禮、婚禮、聘禮、士大夫見面禮、喪禮、祭祀……等各種生活禮儀。我們知道「禮」包含了對自己及對方的尊重，故有利於君臣、父子、夫婦、兄弟、朋友等人際關係的和諧，而周朝禮制的建立與周公有密切的關係，所以，孔子對周公十分傾慕，連作夢都經常見到他。

孔子一生積極尋找出仕的機會；或在齊，或在魯，甚至周遊列國，其目的就是想實踐自己的理念，企圖透過「德治」、「禮治」的方式來改造社會；然而，當時各諸侯國所汲汲追求的是爭強圖霸的學問，所以，在春秋戰國時代，儒家的學問常被視為迂腐無用。直到漢高祖劉邦一統天下後，見到朝廷中將、侯粗俗無禮，尊卑不分，乃有感於禮制的需要，因此，儒家才開始被受到重視。到漢武帝時，更採納董仲舒的建議，罷黜百家，獨尊儒術，並於太學設五經博士。此後，歷代各朝均以「詩、書、禮、易、春秋」五經為教育重心，並作為科考選拔人才的標準，因此，使儒家學說在中國紮下了深厚的根基。

孔子一生最大的成就之一，就是創辦私學，將人文教育普及到民間，以致對後世產生極為深遠的影響。他的學生子貢曾經問道：「有一言而可以終身行之者乎？」孔子答：「其『恕』乎！己所不欲，勿施於人。」(論語・衛靈公篇)；這是多麼簡潔，又有智慧的話語。從「自己所不想要的，不要施加到別人身上」這句話，到愛人的「仁」，乃至尊重人的「禮」，以上這些觀念，如果不懂得廣度思考，是根本不可能產生的。由此，我們知道，孔子雖然生長在古代，卻早已廣泛地運用著「廣度思考」。[Ref.02, 06, 07]

墨 子

公輸般，姓公輸，名盤(或謂般，或班)，春秋戰國時期，魯國人，也有人稱他為魯班。從前楚、越兩國軍隊在江河上作戰，楚國位居河川上游，所以乘船順水進攻，逆水撤退，戰事順利時，進攻很容易，戰事失利時，撤退卻很困難。越國地處河川下游，情況剛好相反，戰事順利時，奮力搖槳前進，失利時，就順水推舟，能夠迅速撤退，越國憑著這項優勢，屢次將楚國打敗。公輸般遊歷到楚國，得知此事，就為楚國設計兵器，製造出一種名為「鉤強」的裝備；當敵人要撤退時，就鉤住對方的船隻，當敵人要進攻時，就支開對方的船隻，楚國憑仗這項裝備，屢次擊敗越國。根據《墨子》一書記載，公輸般曾削竹切木，組裝成一隻鵲鳥，並且締造在天空連飛三天不落地的記錄。因此，公輸般可說是一位創意十足，手藝靈巧的工匠。

有一年，公輸般替楚國製造雲梯，準備用來攻打宋國。墨子聽到這項消息，急忙從魯國起程，走了十天十夜的路；腳底磨破，就撕裂衣服包紮傷口，繼續趕路，終於到達楚國郢都，見到了公輸般。公輸般說：「先生來此，有什麼事需要我效勞的嗎？」墨子說：「北方有一個人欺侮我，希望能借助您的力量殺掉他。」公輸般聽了不太高興。墨子說：「願奉送十金。」公輸般說：「我堅守道義，不亂殺人。」墨子起身向公輸般行禮，說：「我聽說您正在製造雲梯，準備用來攻打宋國。宋國有什麼罪過呢？楚國的土地有餘，而人民不足。用戰爭斬殺自己所缺少的人民，而去搶奪自己所多餘的土地，這不能算是明智吧！宋國沒有罪過，卻去攻打它，這不能算是仁慈吧！明知道不對，卻不諫諍，這不能算是忠誠吧！諫諍而不能獲得採納，則不能算是剛強吧！堅守道義，不殺少數人，卻殺多數人，則不能說是明白事理吧！」公輸般聽了以後，十分折服。墨子說：「既然如此，為什麼不停止雲梯的製造呢？」公輸般說：「不行！我對楚王有所承諾。」墨子說：「何不引我去見楚王？」公輸般不得已，只好答應。

墨子見到了楚王，說：「有一個人捨棄自己的華美座車，卻想去偷鄰家的破舊車輛；捨棄自己的錦衣繡服，卻想去偷鄰家的短粗布衣；拋棄自己的黃粱、肥肉，卻想去偷鄰家的米糠、酒糟。這是什麼樣的人呢？」楚王說：「他一定有偷竊的毛病！」墨子說：「楚國的土地方圓有五千里，而宋國的土地方圓才五百里，這就好比華麗的車與破舊的車。楚國有雲夢大澤，其中充滿了犀牛、麋鹿，且長江、漢水裏的魚、鼈等海鮮，更是豐美，而宋國連山雞、野兔都沒有，這就好比黃粱、肥肉與米糠、酒糟。楚國有長松、文梓、豫章，而宋國連高大的樹木都沒有，這就好比錦衣繡服和短粗布衣。我認為您的屬下去攻打宋國，就和以上所說喜歡偷竊的人一樣了。」楚王說：「是啊！雖然如此，公輸般已經為我打造雲梯，因此，必須要攻取宋國。」

為了繼續說服楚王，墨子提議先進行一段兵棋推演。於是，墨子解下腰帶圍繞成一座城，取小木板當作守城的器械。公輸般用機關攻城九次，墨子成功地抵擋了九次，公輸般攻城的器械已經用盡，墨子還有許多防禦的方法。公輸般十分折服，說：「我知道怎樣對付你了，可是我不說。」墨子也說：「我知道你要怎樣對付我，我也不說。」楚王問是什麼緣故？墨子說：「公輸先生的意思，不過是想要殺我，我死了，宋國無法防守，楚國就可以展開攻擊了。但是，我的弟子禽滑釐等三百人已經帶著守城的器械，在宋國城牆上等待楚國的進攻了。即使殺掉我，也無法消除宋國的防守能力。」楚王說：「好吧！我們不攻打宋國了。」

墨子回程經過宋國，當時天降大雨，墨子跑到一座里門內避雨，守門的人卻不讓他進去，墨子因此而感嘆道：「在災難發生前，暗地裏就把問題處理好的人，眾人都不知道他的功勞。在大庭廣眾間，爭相表功的人，眾人反而都認識他。」

這就是歷史上有名的「止楚攻宋」的故事。墨子，姓墨，名翟，春秋戰國時期，魯國人，出身工匠，一生未做過官。韓非子在其著作中曾經提到，墨子善於製作車輗，其實他也善於製造守城器械，以及構築防禦工事。在其弟子所集錄《墨子》一書中，記載著墨子針對敵人的坑道、水淹、雲梯、人海戰術攀城等戰法，提出了具體的防禦之道。墨子是一位具有宗教情懷的思想家及實踐者，他提出：兼愛、非攻、尚賢、尚同、節用、節葬、非命……等主張。他重視表達及邏輯推理，其邏輯概念在今日仍然具有相當的參考價值。

墨子身處於周室衰微，社會動盪的年代。當時，人與人之間，國與國之間，欺詐、盜竊、忤逆、篡奪、爭戰等事件層出不窮。墨子分析時事，認為這一切問題的根本，是因為人與人之間缺乏愛心；人們為了謀取自身的利益，可以輕意地傷害他人。所以，他提出「兼相愛，交相利」的主張。他認為，每個人除了要愛自己之外，也要學習愛他人；除了謀取自己的利益之外，也要關照到對方的利益。這就是「廣度思考」，套句現代用語，就是雙贏策略(Win-Win Policy)。如果天下人都能如此，那麼國與國之間爭戰便會減少，人與人之間詐欺、竊盜、鬥毆、殺戮事件的發生率也會降低，國家社會愈來愈祥和，天下就能夠太平。近代西方國家有人提倡「愛與和平」(Love and Peace)，也有人說這是現代人的普世價值，回顧二千四百多年前，墨子為了消除天下亂象，提出「兼愛，非攻」的主張，這是否正與現代人的主張遙相呼應呢？

[Ref.08]

奧迪修斯

斯巴達國王曼尼勞斯(Menelaus)的妻子海倫(Helen)是一位絕世美女。在特洛伊王子帕里斯(Paris)前往斯巴達王宮接受國王熱情的款待時，有一天，不知是帕里斯的誘拐，還是海倫的懇求，總而言之，趁著國王外出，帕里斯匆匆帶走了海倫。當曼尼勞斯聽到消息，心中憤恨之情可想而知。在盛怒之下，他咬牙立誓，不惜任何代價都要奪回海倫。

特洛伊王普萊姆(Priam)自恃城高壘固，而希臘城邦斯巴達又遠在海的另一端，想斯巴達國王也拿他莫可奈何；因此，不顧祭師及許多臣民的反對，特洛伊王接受兒子帕里斯的懇求，收留了海倫。

曼尼勞斯憂憤交加地前往麥錫尼，向他的兄長阿格曼儂(Agamemnon)求助。不久，阿格曼儂號召了一支強大的希臘聯軍，駕起一千艘戰船，浩浩蕩蕩地駛向位於如今土耳其西岸的特洛伊。

隨著雙方談判的破裂，接續而來的是一次又一次既殘酷又血腥的戰爭。兩方人馬如憤怒的潮水，一波波倒在前仆者的身上；車馬奔騰撼動了大地，血水與汗水染紅了一片片黃土；即使如此，也澆不熄彼此心中的仇恨與鬥志。當特洛伊大王子赫克托(Hector)以及希臘英雄阿基里斯(Achilles)兩人的靈魂由於激烈的爭戰，而先後飄往幽冥的國度時，雙方的戰爭也陷入空前的膠著狀態。十年了，希臘的軍人離鄉背井在外，妻子與兒女是否安好？雙親是否依然健在？駐紮在特洛伊海邊的希臘軍，面對沒有希望的未來，開始出現悲觀與煩躁的情緒。就在這時，智勇雙全的奧迪修斯(Odysseus)想出了一條計策。

根據近代學者研究，當時希臘人砍下近郊的松樹，製造了一座高約十公尺，寬約三公尺的木馬，馬腹內可以藏匿十至二十名戰士。完工後的木馬英挺地站立在皎潔的月光下，自此，命運的天平開始傾斜，特洛伊全民的劫難已勢所難免。第二天清晨，特洛伊的瞭望哨發現，海邊的希臘軍及船艦已不知去向。特洛伊國王及將領們都喜出望外，連忙登城察看，隨即派遣一隊人馬前往探察。希臘營地裏除了一座高大俊美的木馬外，已完全不見希臘軍隊的蹤跡。有人說，敵人留下的東西不吉祥，應該立即焚燬；然而，根據俘虜的透漏，這座高貴的木馬是希臘軍隊舉行祭祀，並獻給女戰神雅典娜的禮物，為了不讓特洛伊人搬進城裏，故意造得比城牆還高，就是希望特洛伊人把它燒燬，以引起雅典娜的憤怒。特洛伊人雖然敬拜太陽神阿波羅，卻也崇拜女神雅典娜，並且定期舉行祭祀，祈求保護他們的城邦。對於神的祭品，特洛伊人非但不敢妄加毀壞，還計劃派人將它拖入城裏。為了讓高大的木馬能夠進城，特洛伊王特別指派軍士破壞城牆。

當晚，特洛伊舉城歡騰，慶祝這十年來最光榮的勝利。夜逐漸深了，歡樂的嘈雜聲也漸次平息下來；憋在木馬內的希臘勇士，順著繩索依序降落到地面；他們悄悄地登上城樓，殺了特洛伊守城的士兵，然後舉起火炬在暗夜中搖晃。城門被偷偷地打開，城外的希臘軍如潮水般快速地湧入；許多特洛伊人在酣醉中，連盔甲都來不及穿上就已命喪黃泉。在焚城的火光中，國王普萊姆及所有男子都無法倖免地死於希臘人的刀槍、箭弩之下。天亮後，年幼的王孫被軍士從母親的懷裏奪走，高高地由城樓上拋下。一夜燒殺之後，接踵而來的是姦淫、擄掠，驚惶的海倫被解送到斯巴達國王曼尼勞斯跟前。數日後，特洛伊的女人及孩童被集中在海邊，等待著送往希臘作為奴隸。以繁華、堅固而自豪的特洛伊城，在熊熊烈火中慢慢燒成了灰燼。

荷馬史詩中木馬屠城的故事，幾千年一直流傳了下來。我們都知道，木馬是破城的關鍵。十年爭戰，希臘軍從外部所展開的攻擊從未得逞，直到奧迪修斯腦中產生逆向思考，計劃從內部瓦解特洛伊，才徹底改變了雙方的命運。這正是「與其力拼，不如智取」的最佳寫照。列寧說：「最堅強的堡壘，也可以從內部擊破。」無論是奧迪修斯或者列寧，他們的逆向思考不就是一種「廣度思考」嗎？ [Ref.9]

蘇格拉底

古希臘哲學家柏拉圖(Plato)在其所著《理想國》一書中記載著他的老師蘇格拉底(Socrates)與朋友間的一段精彩對話。

昨天，我(蘇格拉底)和葛樂康(Glaucon，柏拉圖的哥哥)到比雷埃弗斯(Piraeus，位於雅典西南約七公里處之海港城市)向女神班狄絲(Bendis)祈禱，順便觀賞當地人如何慶祝這女神的節日。就在我們要轉回雅典的時候，塞伐洛斯(Cephalus，居住在雅典的外邦人)的兒子波勒麻查斯(Polemarchus)從遠處看見我們，於是吩咐他的僕人前來，要我們稍候。不久，波勒麻查斯及葛樂康的兄弟阿德曼圖斯(Adeimantus，柏拉圖的兄長)，還有其他一些朋友都趕了過來。

阿德曼圖斯：沒有人跟你們提起今天晚上有火炬賽馬嗎？

蘇格拉底(以下簡稱蘇)：是騎士們騎著馬，拿著火把作接力賽嗎？

波勒麻查斯(以下簡稱波)：沒錯！非但如此，晚上還有慶典活動，你們應該留下來看看。我們晚餐後再出來，這樣，年輕人可以聚一聚，我們也可以好好聊聊。留下來吧！不要太彆扭。

葛樂康(以下簡稱葛)：既然你這麼堅持，我們就恭敬不如從命了。

蘇：那好吧！

於是，一行人來到了塞伐洛斯的家裏。

塞伐洛斯(以下簡稱塞)：蘇格拉底，你來我這裏走動得也太不勤快啦！像我這把年紀幾乎無法去城裏，所以你應該常來。我跟你說，人老了，肉體上的愉悅愈消減，我就愈能感受到談話的樂趣，所以不要拒絕我的請求，常來這裏走動。

蘇：再沒有比跟年長的人談話，更讓我歡喜的事了，塞伐洛斯。我想請教您一個問題，就是人到了老年，生活是否會愈來愈辛苦？

塞：談談我的感受吧！像我這樣年紀的人，他們聚集在一起的時候，通常談的都是：不能吃啦！不能喝啦！要不就感歎青春和愛情的歡樂已經遠離，昔日曾經擁有的美好時光，如今已一去不復返！有些人會埋怨親人對他們是多麼地輕忽、冷淡，他們會對你哀嘆說，這許多的不幸就是因為年紀大了。但是，我並不這麼認為。如果老年是問題的所在，那麼每一位老年人都應該會有相同的感受，可是，包括我及一些朋友在內，卻不覺得如此。人到了一定高齡，心中會有一股自由及寧靜的感覺。當年輕時的激情放鬆對我們的掌控，人就從瘋狂的束縛中解脫而得到自由。那些埋怨親人的人應該明瞭，問題的癥結不在於年齡，而是由於人本身的脾氣與性格使然。平靜開朗的人幾乎不會感受到年齡的壓力，但是對於個性相反的人來說，年輕和年老都是一種負擔。

蘇：是的，不過一般人可能未必同意您的看法。他們懷疑，您日子過得輕鬆，並不是因為您天性快樂，而是因為您有錢，而大家都知道，財富能給人相當大的安慰。

塞：沒錯！他們說得也有幾分道理，可是未必全然正確。善良的窮人，老年不會輕鬆；邪惡的富人，內心也不可能平靜。

蘇：我可不可以再請教，您從財富那裏得到的最大好處是什麼？

塞：倒是有一件。我跟你說，當一個人意識到自己正逐步接近死亡時，恐懼難免會襲上心頭。有關於陰曹地府以及審判的事，以前只當作是笑話，如今會懷疑或許是真的，而擔心害怕起來。於是，他開始回想，這輩子曾經做了什麼對不起人的事，一旦發覺造孽太多，就會跟小孩一樣，經常從睡夢中驚醒過來；但是，對於那些問心無愧的人來說，甜美的希望是他仁慈的褓姆。財富最大的好處，對好人來說，就是不管有意或無意，他都沒有欺騙人或詐騙人的必要；當他到了地獄，也不必耽心欠神的供養或欠人的錢。財富對於這種心靈的平靜，提供很大的幫助。

蘇：說得好啊！塞伐洛斯。說到正義，什麼是正義？僅僅只是說實話，以及還清債務嗎？假如，有一位朋友在神智正常的時候拿武器託我保管，而在神智失常的時候要求取回，我應該給他嗎？總不會說應該還給他吧？在那種情況下，也不會有人說，我還是應該老老實實地對他說實話吧？

塞：你說得對。

蘇：那麼，說實話和不欠債，就不是正義的正確定義了。

波：如果我們相信西蒙尼德斯(Simonides)的話，那麼以上的定義就是正確的。

塞：我要先離開，去安排一下祭品，在座諸位請繼續討論。

蘇：請告訴我，西蒙尼德斯對於正義說了些什麼？

波：他說「償債就是正義」，我想這樣的說法是正確的。

蘇：對這麼一位睿智者所說的話，我居然提出質疑，真是感到遺憾。但他的意思究竟如何？總該不會像我們剛才所說的，將武器交還給神智失常的人吧！而我們也無法否認，替人保管的東西，從某一角度而言就是一種債。

波：沒錯。

蘇：西蒙尼德斯說「償債就是正義」的時候，應該沒有包括這種情形吧？

波：當然沒有。他認為朋友應該做有益於朋友的事，絕不能傷害朋友。

蘇：你的意思是，如果彼此是朋友，而交還受託的黃金卻對朋友是有害的，即不能視為是償債，是嗎？

波：是的。

蘇：敵人是不是也應該收回我們欠他們的？

波：當然！他們應該收回我們欠他們的。

蘇：那麼，西蒙尼德斯真正的意思應該是「正義是給予每個人應得之份」，而他把這視為一種債。

波：他的意思一定就是如此！我們可以推想「正義就是給友人以善，給敵人以惡的藝術」。

蘇：我們講到敵、友，是指真正的敵、友呢？還是，好像是敵、友呢？

波：通常，人都會去愛那些他認為是好人的人，去恨那些他認為是壞人的人。

蘇：沒錯。可是，人不也常看錯善惡，將不善的視為善，不惡的視為惡嗎？

波：的確如此。

蘇：那麼，對於那些看錯善惡的人來說，善人會被當成敵人，惡人會被當成朋友，他們也會對惡人行善，對善人行惡囉？

波：一定會如此。

蘇：但是，善人是正義的，不會做不正義的事。

波：對的。

蘇：根據你的論述，我們應該對正義的人行善，對不正義的人施惡。

波：是的。

蘇：那麼，請看看結果……許多對人性無知的人，會交到壞朋友，既然是壞朋友，就應當施惡於他們；而他也有是好人的敵人，他就應當對他們行善；這樣，我們就得出跟我們先前認定西蒙尼德斯的意思完全相反的話了。

波：沒錯。我想我們最好修正，在「敵、友」兩字上所犯的錯誤。我們應該說，朋友是似乎且真正是好人的人，僅僅似乎但並非真正是好人的人就不能算是朋友，在敵人方面也是如此。

蘇：你想表達的是「好人是我們的朋友，壞人是我們的敵人」，是嗎？

波：是的。

蘇：原先我們說「對朋友行善，對敵人施惡就是正義」，現在我們要修正為「當朋友是好人，我們對他們行善；當敵人是壞人，我們對他們施惡，這才是正義」，對嗎？

波：是的，我認為這才是真理。

蘇：但是，正義的人應該傷害任何人嗎？

波：他應該傷害那些既邪惡又是敵人的人。

蘇：作為一個好人，不能傷害任何人？

波：不太可能傷害任何人。

蘇：正義的人，是好人嗎？

波：當然。

蘇：那麼，傷害人就不是正義人的行為了。

波：我想你說的沒錯。

蘇：對朋友行善，對敵人施惡，就是正義。如果這個定義不能成立，那麼是否還有其他的說法呢？

傅拉西麻查斯(Thrasymachus，著名辯士，以下簡稱傅)：如果我提供你一個有關正義的答案，而且優於以上的說法，那麼你應該接受什麼樣的處分呢？

蘇：處分？作為一個無知的人，我必須向有智慧的人學習，這就是我應受的處分。

傅：那麼聽著，我宣告「正義就是強者的權益」。

蘇：讓我先弄明白你的意思。你說「正義是強者的權益」，能不能說得清楚一點？

傅：你沒聽過嗎？政府的形式有專制獨裁政體、民主政體及貴族政體。這些政府在制定法律時，都著眼於自身的利益；法律就是政府給其人民的正義，凡是違法的，它們就視為不正義而加以懲罰。在所有國家中都有著相同的正義原則，而政府是有權力的強者，所以結論為「正義是強者的權益」。

蘇：了解。請問，人民服從統治者，是否合於正義？

傅：合於正義。

蘇：這些統治者是絕對不會犯錯，還是有時也會犯錯？

傅：當然有時也會犯錯。

蘇：那麼統治者在制定法律時，如果沒有犯錯，就會使法律符合他們的利益。如果犯錯，其法律就會違反他們的利益。你同意嗎？

傅：我同意。

蘇：人民遵守法律，就是你所謂的正義。那麼根據你的說法，正義有時符合強者的權益，有時卻相反。當統治者不經意犯錯時，正義不僅不符合強者的權益，還會傷害到強者的權益。

傅：「正義」實際上只是他人利益的代名詞。換言之，就是統治者和強者的權益，也是人民和奴僕的損失。仔細想想，與不正義的人相比，正義的人永遠是輸家；首先，在私人契約方面，當正義的人與不正義的人合夥關係破裂時，不正義的人奪得的利益一定較多；其次，在國家稅賦方面，當收入相同時，正義的人比不正義的人繳的稅多；在擔任公職時，正義的人疏忽自己私人的事物，甚至承擔別人的苦痛，卻不從公家中謀取任何不當的利益，除此之外，他還可能眾叛親離，只因為他拒絕在不合法的事上幫助親友，但是對於不正義的人來說，這一切剛好就顛倒過來。正如我說的，不正義所獲得的利益是直接且明顯的；特別是我們從不正義的最高形式，專制統治來觀察，統治者以欺騙和暴力手段巧取豪奪人民的財產，這種罪犯是最快樂的人，而拒絕行不正義之事的人最為不幸。統治者竊奪人民財產或奴役人民等惡行，如果被揭發識破，就會受到人民的懲罰及羞辱；然而，不正義若是行得完美極致，卻可得到人民的祝福與歌頌。人們譴責不正義，是因為擔心自己有可能成為不正義的受害者，而不是因為怕做不正義的事。當不正義到了相當程度，就比正義更有力量，更自由，更能主宰一切。正如我開始所說的「正義是強者的權益」，而不正義是個人的利益。

蘇：我無法相信，不正義的收穫會比正義來得大。或許有人與我有相同的看法，如果我們錯了，你就應該以智慧來說服我們。葛樂康，對於正義與不正義，你願意過那種生活呢？

葛：我認為，正義人的生活比較有利。

蘇：你是否能告訴我，一個國家，一支軍隊，或一群竊賊搶匪，是否能在互相傷害的狀況下而展開運作？

傅：的確不能。

蘇：如果他們不互相傷害，就可以合作得很好？

傅：是的。

蘇：這是因為不正義會造成仇恨和爭鬥，而正義帶來和諧及友誼。不是嗎？

傅：我同意，因為我不想和你爭執。

蘇：你真好。但是，我還想知道，具有引發仇恨傾向的不正義，不論存在於奴隸之間，或者自由人之間，是否都會使他們互相仇恨，而無法一致行動？

傅：當然。

蘇：不正義存在一個人身上，不也有相同的困擾嗎？因為，他跟自己不能表裏如一，而且使自己成為自己以及正義的敵人。不是嗎？

傅：是的。

蘇：我們說，一群不正義的人隨時可以很有活力地一起行動，這是不正確的說法。因為，他們如果是百分之一百的邪惡，那麼就會彼此傷害，顯然他們身上多少還殘留一些正義，使他們能夠聯合在一起。如果他們是徹頭徹尾的壞蛋，而且是完全的不正義，如此他們便無法行動，我相信那才是事情的真相。至於正義的人是否比不正義的人有更好、更愉悅的生活，則是另一個值得思考的問題。

傅：請繼續。

蘇：不用眼睛，你能看得見嗎？

傅：當然不能。

蘇：不用耳朵，你能聽得到嗎？

傅：不能。

蘇：看和聽，或許就是眼睛和耳朵的終極目的吧？

傅：可以這麼說。

蘇：對於那有特定目的的事物，也會具有一種長處。對嗎？

傅：是的。

蘇：眼睛的長處，就是視力。如果出了問題，還能夠達成目的嗎？

傅：眼睛如果瞎了，如何達成目的？

蘇：同樣這種看法，也可以應用到其它的事物上去？

傅：我同意。

蘇：那麼，生命不也應當被視為是靈魂的目的麼？

傅：當然。

蘇：靈魂也有其長處吧？

傅：是的。

蘇：失掉了這長處，靈魂還能達到其目的嗎？

傅：不能。

蘇：那麼，邪惡的靈魂必然是邪惡者的統治者，而善良的靈魂必然是善良者的統治者了？

傅：是的，必然如此。

蘇：你承認正義是靈魂的長處，非正義是靈魂的缺點嗎？

傅：承認。

蘇：那麼，正義的靈魂和正義的人會生活得較好，不正義的人會生活得較差了。

傅：那是你所導出的結論。

蘇：生活好的人是幸福快樂的，生活差的人是幸福快樂的相反囉？

傅：當然。

蘇：那麼，正義的人是幸福的，而不正義的人是痛苦的？

傅：就算是吧。

蘇：那麼，不正義永遠不可能比正義有利。

傅：蘇格拉底啊！就讓這場辯論作為你在女神節的娛樂吧。

蘇：感謝您對我這麼客氣。但是，我卻感覺不夠快慰。不過那不是你的錯，而是我的問題。就像一位美食家，匆忙地嚐著桌上的每一道菜；而我也是從這一個主題扯到那一個主題，卻未找到原先我想要尋找的，也就是「正義的本質」。最後，討論的結果就是──我什麼都不知道──我不知道正義是什麼？也不知道正義是否為一種美德？我也無法說，正義的人是快樂的，還是不快樂的。

以上是柏拉圖所著《理想國》一書中，首卷內容的摘要。雖然，在第一卷中，對於「正義的本質」似乎未得出具體的結論；然而，在該書後續篇章中，對正義有更深入的探討，由於本書篇幅有限，因此不作進一步的闡述。值得注意的是，生活在二千四百多年前的蘇格拉底，甚至比他還要早的希臘人已經體認到，藉由人與人之間的對話，從不同的立場來探討問題，有助於接近或得到事物的真相。十八至十九世紀德國哲學家黑格爾(Georg W. Hegel)則將人與人之間的對話，內化為個人腦中「正、反、合，正、反、合」的辯證思維。無論是蘇格拉底與人之對話，或黑格爾之辯證思維，其實不都是在進行著「廣度思考」嗎？[Ref.10]

第 3 章

深度思考

第三章　深度思考

春晨，到居家附近的寺院散心，穿過稀疏的雜木林，悠閒地漫步在鮮美的青草地上。忽然，瞥見不遠處有一株小小的野菊花，昂首挺立在金色的陽光下。她青翠的枝葉快意地舒展，鵝黃的花瓣璀璨地綻放，透過生命的相通，我看到是她甜美的笑顏。蹲下身去想仔細地多看兩眼，只見周遭散落著大大小小的石塊，一時間，我對她有了更深一層的了解；紮根於石縫間，訴說著那段坎坷的成長歲月，如今，她已亭亭玉立，盡情享受著生命的歡愉；然而，不久之後，花兒將會凋謝，花瓣又將飄往何方？我們的存在，有無特殊意義？而我們的相遇，是命定或是偶然？當我發覺，從驚鴻一瞥到靜下心來觀察，其間竟然蘊藏著如此豐富的內涵。無怪乎，前人有所謂「萬物靜觀皆自得」的深刻體驗。對於一朵花，一粒砂，乃至於世間一切事物，不僅僅只是觀看它的外表，而能更深入地探索它的來龍去脈；這種跳脫表象，從事物因果變遷來思考問題的模式，可稱之為「深度思考」。

《大學》一書中有云：「致知在格物。」人為了要增廣知識，就必須窮究各種事物的道理；而格物的過程中，很重要的一項工作，就是「深度思考」。「深度思考」經常以「細心地觀察」為起始，繼之以「推敲事物的因果變遷」，而後能「心有所得」。中外歷史上，先聖先賢們運用「深度思考」的案例不勝枚舉，今列舉數則如下，以供參考。

范蠡

范蠡，字少伯，春秋時期，楚國人。與文種為好友，兩人相約前往越國謀求發展，而受到越王句踐的重用。句踐聽說吳王夫差日夜練兵，準備為其父闔閭報仇，於是不聽范蠡的勸阻，急著出兵攻打吳國。不料，在夫椒遭到嚴重的挫敗，繼而被吳國大軍追趕，重重圍困在會稽。

句踐採納范蠡的建議，派文種向吳國求和。文種用膝蓋跪行求見夫差，說：「攻打貴國是我方的過錯。越國上自越王，下至大夫，願意將自己的女兒作為貴國對等官員的僕妾，並且將所有的寶物奉獻給吳國，而越王也願意帶領著臣民到吳國當奴僕，只求吳王接受越國投降，留給人民一條生路；否則，越國臣民將投棄珍寶於大海，官員將殺盡自己妻女，勇士將抱定必死之決心與吳國一戰。」起初，夫差聽從伍子胥的意見，決意要消滅越國；後來，文種用美女及財寶買通吳國太宰伯嚭，從旁遊說夫差，才勉強接納越國投降。

句踐將國事委託給文種，自己帶著范蠡等三百人，黯然前往吳國。在吳國，句踐為夫差牽馬，當吳王的馬前卒。期間，經常受到吳國君臣的欺壓與凌辱。過了二年，夫差染上一種怪病，范蠡勸句踐親口去嚐夫差的糞便，以幫助疾病的診斷，夫差大受感動，病癒後，乃准許句踐與范蠡返回越國。

句踐回國後，臥薪嚐膽，立誓要洗刷會稽兵敗之恥。在范蠡、文種的輔佐下，積極鼓勵人口及農業生產，並加強部隊戰技訓練，國力因此日益強大。為了消除夫差的戒心，越國以美人、珠寶買通吳國大臣，同時，精心挑選西施、鄭旦等美女，善加訓練後進獻給吳王，順便從事諜報工作。

多年後，夫差率領大軍前往中原角逐霸主，越國趁機攻入吳國都城姑蘇，殺了吳國太子友。夫差聞訊，大吃一驚，急忙與諸侯簽訂盟約，而後匆匆返國。吳軍由於連年征戰，加上旅途勞頓，被以逸待勞的越軍所擊潰。吳國捧上貴重的禮品請求議和，當時，由於越國沒有完全致勝的把握，於是同意撤軍。過了幾年，越國軍力更為強大，於是，發兵一舉消滅吳國，並且斬殺太宰伯嚭，理由是收受賄賂，不忠於自己的國君。經過十年生聚，十年教訓，句踐終於洗刷會稽之恥，於是，乘勢北上，會盟諸侯，安撫各地，尊崇周室。周元王封句踐為伯，為諸侯之長，因而確立了霸主的身份。

范蠡因功被尊為上將軍，可是他認為，盛名之下難以久安；且觀察句踐為人，只能共患難而不能共安樂，於是萌生退意。最後，獲得句踐允准，攜帶著家眷及珠寶乘船出海而去。

范蠡到達齊國後，寫了一封信給文種，說：「飛鳥盡，良弓藏；狡兔死，走狗烹。越王為人長頸鳥喙，可與共患難，不可與共安樂。子何不去？」意思是說「飛鳥與狡兔都被獵殺完了，那麼弓箭用不著，將被收藏起來；為主人盡心奔走的獵狗，只怕也將被烹殺。句踐的長相，脖子長，嘴尖，這種人可以共患難，不能共安樂。您何不儘早離開呢？」文種讀信後，便假裝生病，不再上朝。有人向句踐挑撥說，文種可能會造反，句踐便賜給文種一把劍，說：「你教我七種方法來討伐吳國，我只用了三種就把吳國消滅了。你還有四種，何不替我到死去的父王處，教他試用看看。」文種聽完，了解句踐的意思，因此，氣憤地舉劍自殺。

范蠡在齊國，改名為「鴟夷子皮」，與兒子在海邊耕種、養魚，由於經營得法，沒幾年就累積了數十萬的財產。齊國人聽說他很賢能，就舉薦他為相國。范蠡感慨地說：「在家經營，能擁有千金財產；出外作官，能擔任相國上卿。這對於一個老百姓來說，真是到了極點。長時間處在尊貴的位置上，只怕不吉祥啊！」於是，將相印歸還給齊王，把部份財產分送給親友，然後帶領著家眷離開齊國。

范蠡到了陶(今山東省定陶縣)，認為這裏的地理位置適中；東北方接齊、魯，東南方接吳、越，西南有楚、蜀，西北有宋、鄭、秦、晉，非常適合作生意，於是就在陶地定居下來，自號朱公。平日，父子們辛勤地耕種並蓄養家畜；此外，根據季節、氣候、民俗節慶，出外採購並儲備物質，等待價格高漲的時候出售，平均總有百分之十的利潤。由於經營有道，於是累積了上億的財產，成為當時有名的富豪。

范蠡定居陶地時，生了第三個兒子。小兒子長大後，二兒子卻因為殺人，被囚禁在楚國。消息傳來，范蠡就用牛車裝載千鎰黃金，要小兒子去楚國營救他二哥。大兒子向范蠡埋怨，說：「二弟在楚國出了事，你不派我去，卻派老么去。是不是我沒出息？」說完，鬧著要自殺。作母親的非常緊張，對范蠡說：「老么此番前去，還不一定能讓老二活著回來，而老大卻要自殺，這該如何是好？」范蠡不得已，寫了一封信交給長子，說：「你到楚國，就把這封信及黃金交給我的朋友——莊先生——一切聽從他的安排，不要與他爭論。」長子答應後，還多帶了幾百鎰黃金，趕往楚國而去。

好不容易，在楚國城牆邊一座簡陋的茅屋中找到了莊先生，長子立即奉上黃金及書信。莊先生看完信後，說：「你快回去吧！不要在此逗留。一路上即使聽到你弟弟獲釋的消息，也不要多問。」長子拜別了莊先生，想他如此落魄，怎麼可能有辦法救出弟弟呢？於是，私下到處打聽。最後，他將自己帶來的黃金交給楚國一位有力人士，請求其協助。

莊先生雖然居住在簡陋的房舍裏，可是他為人清廉、正直，楚國人包括楚王都對他十分敬重。莊先生收下范蠡送來的黃金，表示他願意幫忙，沒有回絕的意思。范蠡的長子告辭後，他便交待妻子，說：「這是陶朱公的金子，不可以動用，將來要還給他的。」

莊先生入宮去見楚王，說：「我夜觀星象，看到有一顆星移動了位置，對楚國不利。」楚王非常相信莊先生，問道：「那該怎麼辦？」莊先生說：「施行德政可以免除災禍。」楚王說：「好！我會照辦。」於是，下令將錢庫封存起來。楚國那位有力人士聽到消息，驚喜地告訴范蠡的長子，說：「楚王要施行特赦了。每次特赦前，都會把錢庫封存起來。昨天傍晚，楚王已下達封存的命令。」范蠡的長子想：既然楚王已經要實施特赦了，二弟一定會被釋放出來，那麼，在莊先生那兒的黃金應該不需要支用了。於是，又去拜訪莊先生。莊先生驚訝地說：「你怎麼還沒回去？」長子說：「是的。原本想為二弟的事奔走，現在聽說二弟將要被釋放了，所以特來告辭。」莊先生知道他的用意，就試探地說：「黃金在我屋裏，你進去拿吧。」長子果然進入莊先生屋內，將黃金取出後稱謝而去。

莊先生被這年輕人愚弄，頗覺得羞憤。於是，再度求見楚王，說：「上次提到有關星象的事，您說要施行德政來化解災禍。可是，臣聽路上的行人說，富人陶朱公的兒子殺了人被關在楚國，他們家拿錢來賄賂您身邊的人，所以，楚王這次特赦並不是體恤楚國的百姓，而是為了要赦免陶朱公的兒子。」楚王聽了非常生氣，說：「我雖然德行不足，也不會因為要赦免陶朱公的兒子，才對自己的百姓施恩。」於是，下令先殺了陶朱公的二兒子；第二天，才頒布全國的特赦令。

當范家長子把二弟的遺體運回家時，他母親及鄰居們都非常傷心。只有陶朱公苦笑著說：「我早就知道他會害死他弟弟。」大家都感到驚訝。陶朱公接著說：「不是他不愛護弟弟，而是因為有些事他捨不得。他從小與我過苦日子，知道謀生不易，所以把錢財看得很重。老么從小就過著舒服的日子，不知道錢財得來不易，所以捨得花用，毫不吝惜。當初，我之所以要老么前往楚國，就是因為他捨得花錢，而老大捨不得，所以，救不回老二啊。唉！事情就是這樣發展，也沒有什麼好悲傷的。」

讀完以上的故事，您是否有什麼感想呢？在那殺伐征戰，動盪不安的年代裏，范蠡位居顯要，卻能急流勇退。從他輔佐句踐成就霸業，從他規勸文種儘早離開越國，從他經營事業不斷致富，從他拯救次子的睿智判斷等，我們可以知道，范蠡絕非一般等閒之輩。他經常作「深度思考」-----探索事物之發展及因果變遷的道理-----因此，總能採取正確的決策與行動。或許，這就是他之所以能夠安家立命，坐擁盛名及財富的關鍵吧？ [Ref.02]

韓非子

韓非子，戰國時代人，出生於韓國貴族世家，曾經與李斯同學，一同受教於大儒荀卿門下。韓非的學識相當淵博，對於儒、墨、道、法等諸家學說均有所涉獵。他潛心研究歷史，深入剖析管仲、子產、吳起、商鞅等治國成功的經驗，而申不害輔佐韓昭侯，使得韓國兵強國治，也帶給他不少啟發。由於這些人施政均具有法家色彩，因此他特別肯定刑名法術之學。當時，戰國七雄之一的韓國已日益衰頹，領土屢遭秦國侵佔，韓非憂國憂民，幾度上書進諫，卻不為韓王所用，於是發憤著述，作孤憤、說難、有度、定法、二柄、難勢、亡徵、功名、八經、八姦、解老、喻老、內外儲說等篇，總計十餘萬言。

《史記》上記載，韓非患有口吃，不善言語，卻擅長寫作。他的著作流傳到秦國，秦王政(即後來消滅六國，統一中國的秦始皇)讀後大為讚賞，感嘆地說：「我若能見到此人，與他交遊談論，就是死也不遺憾了。」李斯說：「這些是韓非的作品。」秦國因此加緊攻打韓國。韓王畏懼，派遣韓非出使秦國，秦王聽到消息後，大為歡喜。公元前二百三十四年，韓非奉命前往秦國的都城咸陽，企圖遊說秦王採行「存韓攻趙」的策略。秦王雖然十分欣賞韓非的才華，但是對於韓非的說詞卻持保留態度；另一方面，李斯擔心韓非會受到重用，於是聯合姚賈在秦王面前大加詆譭，說他是韓國貴族，終究只為韓國而不會為秦國效力，如果放他回去，無異是放虎歸山，為自己留下禍患，不如扣以罪名，按律斬殺。秦王認為很有道理，就交待屬下想辦法治韓非的罪。李斯則暗地裏派人送毒藥給韓非，說服他自殺，因為秦國的刑法極其殘酷。韓非想要申述，卻始終見不到秦王。後來，秦王覺得後悔，便派人去赦免他，可惜為時已晚，韓非已死在雲陽獄中。

春秋戰國時期，群雄競逐，戰亂時起，各國君主所迫切需要的是爭強圖霸的謀略；然而，許多國家的施政措施及社會習俗卻經常導向衰敗之路。韓非在其著述《五蠹》、《六反》、《詭使》等篇中提到：對於那些輕視俸祿，看重個人聲譽或性命的人，社會上普遍地尊敬他們是高人、隱士；對於那些浮誇不實，高談闊論，急智巧辯，歪曲事理的人，社會上普遍地尊敬他們是才智之士；對於那些仗持義理，勇於私鬥的人，社會上普遍地尊敬他們是俠義之士。魯國有人跟隨君主出征，作戰三次，就當了三次逃兵。問他為什麼要逃，回答說：「因為家有老父，如果戰死了，老父就沒人奉養。」經過長官呈報後，人人都稱讚他是孝子，並因此獲得豐厚的獎賞。這些人對於國家的貢獻小，卻普遍地受到尊敬；受到尊敬，名、利、權勢等好處就隨之而來，那麼老百姓自然會群起而效法。對於那些守法、聽話的人，卻認為他們是樸實、鄙陋的百姓；對於那些從事農業耕作的人，認為他們是平庸、無才之輩；對於那些敬事長上，謹慎負責的人，認為他們是膽小、懦弱的庸才。這些人對國家相對地有較大的貢獻，卻普遍地受到輕視與貶抑；受到貶抑，名、利、權勢等好處就不會相隨，那麼老百姓自然也就不願去做。這樣發展下去，誰願意當守份、守法的百姓？國家又如何在穩定中謀求發展？況且，農民使國家的倉廩充實，卻必須繳納繁重的稅賦；那些雕刻、刺繡等注重枝微末節的人，生活反而富裕；戰士使國家的威望增加，土地擴張，但是戰士們的遺孤卻要沿街乞討；那些陪笑賣藝，飲酒作樂的人，反而身穿綢緞，乘坐華美的車輛。如此發展下去，誰願意從事耕戰？國家又怎能富強？因此，國家必須訂定不與目標有所矛盾的法律，鼓勵耕戰，嚴明賞罰，這樣國家才能夠富足強盛，也才能夠逐步完成霸業。

從以上的論述我們可以發現，韓非是一位注重理性分析與邏輯思考的人。他分析社會現象與政府施政，推論國家興衰演變的道理。他的學說主要就是透過對國家社會的觀察與「深度思考」而建立起來的。

韓非在先秦諸子中，是集法家之大成者。法家給人的印象是冷峻嚴苛，不近人情的，而集權統治下的法家則容易演變成專橫與殘暴；但是，法家也頗有可取之處，譬如：《史記》上說，韓非的刑名法術之學歸本於黃老。老子崇尚「道」及「自然」，而韓非崇尚「法」及「賞罰」。韓非認為「法」就是「道」在人類政治社會中的體現，而人們趨利避害，趨賞避罰的本性，使法治得以成為一種「自然」的運作。

韓非曾說：「想要以寬鬆、舒緩的政策治理緊急局勢下的百姓，就好像沒有馬韁、長鞭，卻想駕御兇悍難馴的馬。這是患了無知的毛病！」他強調「法」、「術」、「勢」必須整合運用，即：法律要統一且明確固定，獎賞要豐厚且保持信用，懲罰要嚴厲並且堅決；同時，君主須高深莫測，善保威勢；賞罰的權力不可下放，以免君臣易位；平日則須防範姦佞、重臣及世俗所謂之賢臣，因為這些人是君主最大的威脅。二千二百多年前，韓非的這些見解，在現代工商企業、社會組織乃至國家政府的領導管理上，似乎仍具有相當高的參考價值。[Ref.02, 11, 12]

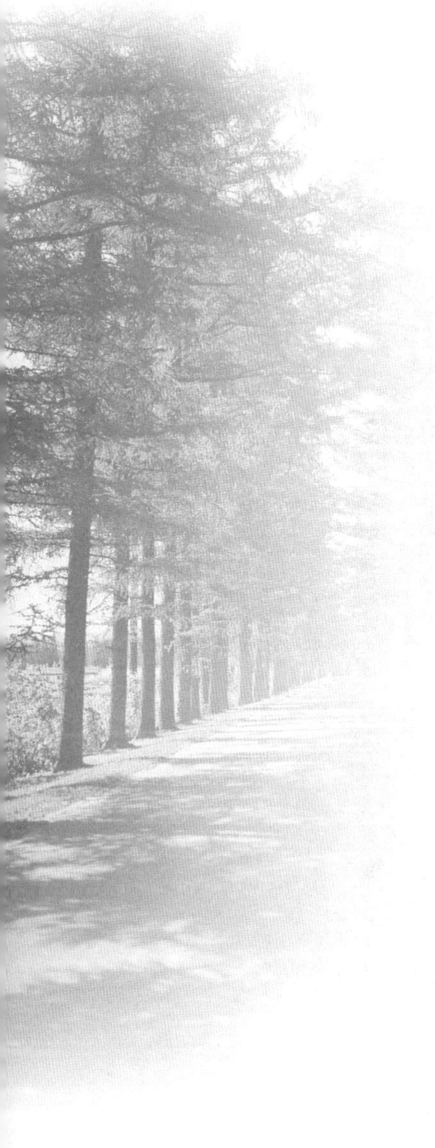

張英

大陸劇《雍正王朝》在台灣電視上播出，曾經轟動一時。觀賞過該劇的人，想必對雍正皇帝及大臣張廷玉的印象尤其深刻吧！張廷玉是漢人，官至保和殿大學士兼吏部尚書，曾主持過《明史》的編纂工作。他的父親張英（公元1637~1708年）也相當了不起，通曉易經；清康熙年間高中進士，官至文華殿大學士兼禮部尚書，相當於內閣長官或宰相的職務。

張英雖然位高權重，但為官清廉，生活儉樸，處事待人更是謹慎、和順，因此，深受康熙皇帝賞識。有一年，張英在安徽桐城的家人因為修建

◎安徽省桐城市的"六尺巷"

府第，與相鄰的吳姓旺族發生地界糾紛，結果鬧上了縣衙。縣令考量到雙方都是有權有勢的家族，遲遲不敢做出最終的判決。於是，張英的家人修書送往北京，希望張英能夠運用權勢壓制吳府的氣燄。張英在了解情況之後，回覆了一封信，信上寫到：

千里捎書為一牆，
讓他三尺又何妨？
萬里長城今猶在，
不見當年秦始皇。

家人讀信後，不再堅持，遂依照張英的指示，將自家圍牆後撤三尺。吳姓旺族得知此事後大受感動，也自動退讓三尺，因而形成了一條寬六尺，長約三百尺的巷子。一時之間，「六尺巷」的事蹟便在鄉里間廣為傳誦。

「六尺巷」的故事，其中所蘊含的是謙讓與寬容的美德。在這競爭激烈的年代裏，巧取、豪奪，使盡心機猶恐不及，哪來的寬容與謙讓？然而，我們解析張英的詩句「萬里長城今猶在，不見當年秦始皇。」發現他從時間的長河，以及人、事、物的更迭演變來看待問題，從而得出「讓他三尺又何妨？」的結論。這是一種「深度思考」，透過這種思考，讓人體悟到，得意的現在不代表永遠，適度的退讓可以避免結怨，也可以為自己留些後路。謙讓與寬容是修養，也是智慧。當心胸變大時，問題就相對變小。張英的胸襟與智慧成功地化干戈為玉帛，讓「六尺巷」成為流傳千古之美談。

◎六尺巷

釋迦牟尼

距今約兩千五百多年前，古印度東北部迦毘羅衛城裏(今尼泊爾境內)住著一位名號淨飯的國王，他是釋迦族的領袖。有一天夜裏，王妃摩耶夫人做了一個奇怪的夢，她夢見一頭六牙白象從天而降，輕輕地由她右脇進入了身體，摩耶夫人將此事告訴淨飯王，不久，就發現自己已懷有身孕。日子一天天過去，在產期將近的時候，摩耶夫人依照習俗，乘著車輦準備回娘家做月子，不料，在經過藍毘尼園時動了胎氣，於是在園裏生下了王子。

淨飯王為王子取名悉達多，由於本姓喬達摩，所以，喬達摩・悉達多就成為世尊——也就是釋迦牟尼佛——出家前的世俗名字。王子的誕生讓淨飯王極感欣慰，欣喜之餘，國王派人前往喜馬拉雅山召請一位名叫阿私陀的仙人，希望他能前來為王子看相。阿私陀仙人仔細端詳王子的容貌後，不禁淚流滿面，淨飯王大吃一驚，連忙詢問緣故，仙人回答：「王子是一位不平凡的人。他如果在家，會成為轉輪聖王；如果出家，會成為大覺悟者，也就是佛。依我看，王子將來會選擇後者。」由於阿私陀仙人知道自己會先離開人世，無緣聽聞佛的教誨，因此，深感遺憾而傷心落淚。

摩耶夫人在生下王子七天後，便與世長辭。淨飯王十分傷心，隨即與家屬們商議，最後決定將王子交由姨母摩訶波闍波提照顧。姨母視悉達多為己出，生活起居照應得無微不至。數年後，摩訶波闍波提也為淨飯王生下一名男孩，取名難陀。日後，難陀跟隨釋迦牟尼出家，而成為佛門弟子。

悉達多太子自小天資聰穎，宅心仁厚。八歲時，開始學習書寫、算數，並且經由名師指導學習騎馬、騎象、兵器、弓箭、歷史、文學、藝術、天文、祭祀、婆羅門宗教思想等知識及技能。有一天，王室子弟提婆達多用弓箭射下一隻野雁，正巧落在太子的庭園裏，太子看見了於心不忍，小心翼翼地將箭取出，並為牠包紮傷口。不一會兒，提婆達多派人前來索取野雁，太子回覆：「如果牠死了，我定會歸還，否則，我是不會把牠交給你的。」或許就是這段因緣，使提婆達多對太子懷恨在心。

有一年，淨飯王帶領著家眷到郊外觀察農地耕作的情形。太子看見農夫們汗流浹背，在烈日下辛勤地工作；牛隻拖著犁，喘著大氣奮力地耕地，動作稍有遲緩，就遭來一陣無情的鞭撻；耕過的田地裏，許多昆蟲及蚯蚓蜷曲著身子痛苦地蠕動，卻引來大批鳥雀興奮地啄食。年幼的悉達多目睹此景，不覺悲從中來，他悄悄地離開人群，坐在樹下思索著剛才的一幕。

有一天，太子乘著車駕出遊，在城外遇見一位老人，彎腰駝背，蹣跚而行，除了鬚髮斑白之外，手腳及臉上還佈滿了難看的皺紋。太子詢問侍從：「他是何人？」侍從回答：「他是一位老人。」問：「何謂老？」答：「年紀大，餘命不多，稱為老。」又問：「我是不是也會老？」答：「是的。凡是出生的，都會衰老，此事是不分貧富貴賤的。」太子皺起眉頭，對未來感覺憂心，因此，遊興盡失，便命令侍從們回宮。另一日，太子乘車出遊，在路上遇見一位病人，骨瘦如柴，面容枯槁，孤獨地躺臥在自己的排洩物中，無人聞問。太子詢問隨從：「這是何人？」隨從答：「這是一位病人。」又問：「何謂病？」答：「疼痛不舒服，可能因此而喪命，稱為病。」又問：「我是不是像他一樣，免除不了病痛？」答：「是的。凡是出生的，都可能生病，此事是不分貧富貴賤的。」太子皺起眉頭，內心感到憂愁，隨即命令侍從們回宮。又有一次，太子乘著車駕出遊，在路上遇到一列送葬隊伍，隊伍中有人抬著死屍，前後高舉著雜色幡旗，家屬面容哀戚，一路哭號地送往城外。太子詢問隨從：「這是何人？」隨從答：「這是死人。」又問：「何謂死？」答：「死，是生命的終了，肉體會逐漸腐壞；死，也代表與親友永遠的別離。」又問：「我是不是也會死？」答：「是的。凡是出生的，都會死亡，此事是不分貧富貴賤的。」太子皺起眉頭，內心再度興起強烈的煩惱與不安。

阿私陀仙人的預言始終縈繞在淨飯王的腦海裏，為了避免太子產生出家的念頭，淨飯王刻意讓太子過著奢華享樂的生活。他為太子造「三時殿」，即冬宮、夏宮及春秋兩季居住的殿宇。庭園內佈置小橋流水，並栽植各種花木，蓮花池內經常開放著紅色、白色及青色的蓮花。王宮裏，服侍太子洗浴、按摩、梳髮、穿衣的宮女，個個溫柔俏麗、婀娜多姿。雖然，每天音樂、歌舞不斷，但太子內心並不快樂，因為，他不想做一個庸俗的人，渾渾噩噩過一輩子。長久以來，他心中存在著一個結，總是讓他煩惱不安。

悉達多太子十九歲那年，淨飯王由密使口中得知，太子與大臣摩訶那摩之女(亦有一說是天臂城主善見王的女兒)耶輸陀羅互有好感，於是安排兩人成婚。雖然，宮內的日子極盡奢華享受，家庭與婚姻亦幸福美滿，但是，悉達多太子知道，青春、美貌、健康、富貴，這一切都是無常，隨時可能幻滅。當時，釋迦族是一個小國，外有強鄰覬覦，被兼併的憂患意識存在於一些有識之士心中。

有一天，太子外出，在路上遇見一位出家修行的沙門，太子問：「您剃除鬚髮，身穿法服，沿門托鉢，求的是什麼呢？」沙門回答：「出家修行，為的是要調伏心性，捨離煩惱，求取真道。」太子一聽，非常歡喜，當下便興起出家的念頭。依照古印度法典，丈夫必須保障妻子的生活條件後才能出外修行，而妻子也須遵守在家等候八年的義務。除了這些限制外，對悉達多而言，尚有繼承王位及綿延香火的責任；然而，在耶輸陀羅為悉達多生下兒子羅睺羅之後，出家的障礙似乎逐漸獲得排除。

太子二十九歲那年的一個夜晚，他趁著家人熟睡之際，騎上愛馬，帶著一位名叫車匿的隨從，偷偷地離開王宮。兩人從夜半行至日出，來到羅摩村不遠處的一座林子裏，太子說：「這裏是我最後騎乘下馬的地方，我心意已決，立志出家。」太子下馬後，摘除頭冠，取下身上一切寶物，自割髮髻，告訴車匿說：「請將這些寶物及馬匹交還給我父王，並且向他稟報說，我知道父王及家人恩重情深，但是，為了求證無上智慧，所以才出家修行，日後如果能有成就，我會返鄉與家人相見。」車匿聽了，仆倒在地，一再懇求太子打消出家的念頭；然而，太子堅定的心意絲毫不為所動。當淨飯王、摩訶波闍波提，及眾親友們知道消息後，有的嘆息，有的哭泣，尤其是他的妻子耶輸陀羅，在憤怒與悲傷中嚎啕大哭，乃至昏厥，甦醒後仍不斷哭訴，怨太子棄她而去。

悉達多太子出家後，四處尋訪名師。他曾經向阿羅邏迦藍及優陀羅羅摩子兩位大師請益，學習他們的清淨法門；然而，這兩位大師的禪定理論與境界，都無法達到根本的解脫。於是，世尊離開他們的道場，來到摩揭陀國的首都王舍城。

王舍城的百姓看見世尊儀表堂堂，雙目不瞬，手上捧著蓮葉恭敬地乞食，人人心裏都覺得稀奇。那時，摩揭陀國的頻婆娑羅王在高樓上望見世尊，看著他被群眾包圍，舉止安詳，態度從容地在街上行走，心裏便暗生疑惑。頻婆娑羅王身邊的一位大臣稟報說：「這一定是喜馬拉雅山下釋迦族的太子悉達多，他捨國出家，今日遊歷到此。」頻婆娑羅王說：「既然你們知道，就跟去看看。看他居留何處，我也好前往供養並親自請益。」不久，大臣們回報說：「那位修行人出城後，去到般荼婆山(亦說帕達瓦山)下的一處泉水旁飲水並清洗手足，目前正在山上的林子裏靜坐。」頻婆娑羅王聞訊後立即驅車前往，見到世尊便開口試探道：「你是誰？是人，是神？又來自何方？」世尊回答：「我是人，來自北方喜馬拉雅山下的釋迦族。我出家修行，是為了捨離煩惱，尋求解脫。」王又說：「我非常欣賞你，看你容貌端莊，儀表堂堂，又正值壯年，如果你願意，我可以供應你錢財、美女，並且聘請你一同來治理國事。」世尊回答：「王不應以世俗的慾望來誘惑我，王如果真是善友，就應當鼓勵我早日完成自己所發下的弘願。不久之後，我將離開這裏，前往他處。」頻婆娑羅王聽了世尊的話後，雙手合掌，恭敬地說：「你所追求的，希望早日能夠成就。當你證得無上智慧時，希望能收我為弟子，接受我的供養。」

世尊在遍訪名師後，仍然無法得到真正的解脫，於是，想依靠自己求得開悟。長久以來，古印度有一些修行者就是藉由肉體的苦行而在思想上得到開悟。因此，世尊離開王舍城，來到尼連禪河畔的伽耶山麓，發願實踐極端之苦行。當時，世尊以烏麻或粳米一粒，或小豆、大豆、綠豆、紅豆、大麥、小麥一粒為一日之食，並以手掌盛取少量之水飲用，以求生命的維持。由於營養缺乏，世尊的身體日益消瘦，最後只剩下一身皮包骨；此外，他兩眼凹陷，氣息虛弱，甚至幾度昏厥。當時，有憍陳如等五位修行者陪伴世尊，他們目睹世尊嚴苛之苦行都相當感動；然而，在氣若游絲，生命之火幾近熄滅的當口，世尊覺悟到極端苦行與極端享樂均不適當，因此，決定放棄苦行，改採中道。他接受牧羊人之供養，食用羊乳。憍陳如等五位修行者知道後，以為他失去精進之心，於是離世尊而去。

為了重新出發，世尊至尼連禪河中洗淨身體，然後穿上袈裟打算過河；然而，流水湍急，加上身體虛弱，使渡河之舉艱困備至。尼連禪河邊優婁毘羅村一位村姑看見世尊，心生憐憫，於是，取來牛乳粥供養世尊。世尊在體力恢復後來到一株菩提樹下，發願並展開長時間的靜坐瞑思。過程中，魔王波旬前來干擾，並且恐嚇道：「你在這樹下鋪草而坐是不智之舉，因為，夜半時分經常有吃人的魔鬼及夜叉在此出沒。」不久，一群魔女出現，企圖以妖豔美色誘惑世尊；而後，又來了一群厲鬼，張牙舞爪，耍刀弄槍，想要以武力震懾世尊；然而世尊寂然心定，完全不為所動。魔王及諸鬼用盡一切手段也無法影響世尊，於是，心生慚愧，知難而退。世尊逐步進入深度禪定，不斷地進行瞑思觀想，在某一天暗夜將盡，晨星欲出之際，終於大徹大悟，證得真理，並因此而獲得根本的解脫。那年，世尊約三十五歲。

世尊得道後，一連好幾個星期分別在不同的樹下靜思，反覆印證所悟之道。此期間，有兩位商人經過，見世尊法相莊嚴，法喜充滿，便虔誠地向前頂禮，並獻上食物。世尊取用後，鼓勵他們皈依持戒，兩位商人當下即表示願意奉行，而成為佛門最初兩位俗家弟子。

世尊所悟之道，精深奧妙，世俗之人難以理解，為此，世尊打算先向優陀羅羅摩子及阿羅邏迦藍兩位大師說法；然而，兩位大師已經去世。世尊接著想到當年苦行時曾經陪侍的五位修行者，於是，動身前往波羅奈城郊的鹿野苑。

五位修行者遠遠望見世尊走來，就相互約定對於墮落的悉達多不必給予禮遇，一切隨他；然而，當世尊站到他們面前時，五人都震懾於世尊的威儀，紛紛離座，準備起立。五位修行者見世尊神色清淨，於是問道：「您是否已然悟道？」世尊回答：「我已證得甘露之法，願意為你們解說。」以憍陳如為首的五位修行者在聽聞世尊的教導後，心開意解，隨即出家為比丘，持守相關戒律。這是世尊悟道後第一次正式說法，即所謂初轉法輪。

之後，世尊入波羅奈城為眾人講道，並收富樓那彌多羅尼子等人為弟子。接著，世尊前往優婁毘羅聚落，感化了拜火教領袖優婁毘羅迦葉、那提迦葉、伽耶迦葉三兄弟，並接受其弟子千人出家為比丘。

某年，世尊率領迦葉三兄弟及弟子千人前往王舍城，住在郊外的一處竹林裏。此林是富翁迦蘭陀的資產，迦蘭陀仰慕世尊，將該園布施給僧眾使用。摩揭陀國王頻婆娑羅聽說世尊在境內弘法，於是專程前往聽講。次日，更以豐盛的飲食供養世尊等人，並為他們在竹園內興建房舍，這就是佛教最初的寺院——竹林精舍。

摩訶迦葉(大迦葉)本為摩揭陀國富有人家的子弟，由於有心求道，於是拋棄家產出外修行，在見到世尊後，也皈依成為比丘。日後，其妻跋陀羅迦卑梨耶亦隨順出家，而為比丘尼。

舍利弗與目犍連原本在王舍城即以智慧及神通而享有聲望；然而，在發現佛法之奧妙後，立刻率領二百五十名弟子，離開他們原來的老師刪闍耶，跟隨世尊出家成為比丘。

而後，世尊返回家鄉迦毘羅衛為淨飯王等人說法，王室及貴族中，有許多人出家，包括：世尊的兒子羅睺羅、堂弟難陀，以及提婆達多等。日後，姨母摩訶波闍波提、妻子耶輸陀羅也都出家，皈依佛法。

在拘薩羅國的首都舍衛城裏，有一位富翁名叫須達多，又名給孤獨長者。有一天，他因為經商前往摩揭陀國，正巧遇上世尊在王舍城弘法，於是，極力邀請世尊前往舍衛城。為了安排世尊及僧團住宿，須達多煞費苦心，他在舍衛城郊外尋覓到一處理想的所在，打聽之下，那是祇陀太子的庭園。須達多請求太子將庭園轉讓給他，太子捨不得而沒有答應，須達多不斷地請求，太子開玩笑地說：「如果你真的想要，我就讓給你庭院中鋪滿黃金的地段。」太子以為對方會知難而退，沒想到須達多用大象運來許多黃金，開始鋪陳在地面上。太子甚感驚訝，詢問他緣由，須達多表示，要把這塊地獻給世尊弘法之用。太子深受感動，就把土地的部份轉讓給須達多，樹木的部份仍歸在自己名下。須達多在庭園中興建房舍供僧眾使用，世尊知道後，將此園命名為「祇樹給孤獨園」，也就是「祇園精舍」。該園日後成為佛教僧團在拘薩羅國活動的據點之一。

當時，佛教相當興盛，跟隨世尊的弟子愈來愈多，其中最傑出的十大弟子，分別為：智慧第一的舍利弗、神通第一的目犍連、頭陀（苦行）第一的大迦葉、多聞第一的阿難陀、說法第一的富樓那、天眼第一的阿那律、解空第一的須菩提、持戒第一的優波離、論議第一的迦旃延、密行第一的羅睺羅。

論智力，提婆達多資質甚高，也深受許多人敬重；然而，因為苦行等主張，與世尊理念不合。有一天，在竹林精舍，提婆達多以強硬的姿態要求世尊退隱，並且將僧團交由他來管理，但是遭到世尊拒絕。提婆達多懷恨在心，曾多次陷害世尊，均未得逞，最後抑鬱而終。

世尊周遊北印度恆河流域，傳道四十餘載。八十歲那年，在優婆瓦村等待雨季的結束；此期間，世尊患了重病，那時，只有阿難等少數弟子跟隨在身邊，大家都很焦急。大迦葉長老率領五百比丘在其他地區傳教，不了解這邊的情況。雨季結束後，世尊身體狀況稍有起色，於是，率領弟子前往毘耶離城托鉢傳教。之後，一行人打算前往乾荼村，在離開時，世尊回頭靜靜地望著毘耶離城微笑，阿難問：「世尊對城而笑，必有緣故？」世尊答：「因為這是我最後一次看它！」阿難一聽，心中有些不安。往後的日子裏，世尊及弟子們走遍了象村、閻浮村、善伽城、鳩娑村，而後來到波婆村金屬匠純陀的芒果園裏。純陀在聽聞佛法後內心歡喜，於是，通宵趕辦筵席，計劃天亮後招待世尊等人。據說，世尊在吃下菇類等料理後，腹部絞痛，緊接著下痢。雖然身體不適，世尊卻未中斷他的行程，純陀也一路相隨。在前往拘尸那城途中，世尊持續下痢，糞便中更帶有血絲。由於赤痢嚴重，身體虛弱，世尊要求在路旁樹下休息一會兒，且不斷地向阿難討水喝。接著，一行人抵達迦屈蹉河邊，世尊勉力地到河裏將身體洗淨，然後回到樹下休息。剛皈依的純陀為世尊的病不斷地苛責自己，世尊知道後，對大家說：「純陀在佛入滅前供應食物，是極大的功德，應該感到慶幸。」世尊之所以這麼說，是為了安慰純陀，也希望大家不要責難他。而後，一行人來到拘尸那附近的林子裏，在此，世尊再也走不動了。世尊要阿難在兩棵娑羅樹中間鋪設床褥，準備在此入滅，阿難難過地不斷哭泣，世尊安慰他說：「阿難啊！你不要哭泣，我不是教導過你們嗎？一切現象都是無常，最親愛的人，也有分離的一天。你為什麼還那麼悲傷呢？我所說的一切法，在我離開後，你仍然要思維奉行，努力精進。不久，自然能成就清淨之身，而獲得解脫。」

阿難將世尊臨終的消息傳告拘尸那城的百姓，民眾聞訊後紛紛趕來，聚集在世尊的外圍。其中，有一位年老的修行者名叫須跋陀羅，他仰慕世尊，三度請求當面開示，阿難考慮世尊身體虛弱，三度加以阻攔，世尊知道後，囑咐阿難將須跋陀羅喚至跟前，並盡心為其說法。須跋陀羅深受感動，當下請求出家，而成為世尊在世時所收最後一位弟子。二月十五日，世尊最後一次向弟子們講話：「阿難啊！我入滅後，我所制定的戒律與所說的法就是你們的導師，跟我在世時一樣。諸位比丘要依次第相互尊重，相互觀察，勿犯大戒。」世尊接著說：「諸位比丘啊！你們應該知道，一切事物都是無常，包括我的肉身在內。生死火坑令人畏懼，諸位要精進修持，儘速獲得解脫，這是我最後的訓勉。」當夜，世尊以頭朝北，面向西的臥姿，經由禪定而逐漸入滅。大迦葉長老等一行人數日後匆匆趕到，在眾弟子繞行及頂禮儀式中，世尊遺體隨即進行莊嚴的火化。

世尊在菩提樹下悟道的過程，外人很難了解；然而，依據經書記載，當時世尊主要是透過「觀四諦」與「觀十二緣起」而開悟證果，隨即獲得解脫。

世尊雖然出生在榮華富貴的家庭，卻體會到世事變幻無常，而人生充滿了各種痛苦，其中包括：生、老、病、死、怨憎會、愛別離、求不得、五陰熾盛，即佛家所謂之「八苦」。嬰兒出生時，在產道中全身遭到擠壓；而產婦害喜，產前陣痛，生產時產道撕裂等，是為生苦。年老時，身體衰弱，鬚髮花白，皮膚乾皺，牙齒鬆脫，視覺朦朧，聽力遲鈍，筋骨酸痛，行走困難，惶恐無奈，孤獨寂寞，此等為老苦。染患疾病時，身體虛弱、疼痛、酸痲、發癢、暈眩、作嘔、喘咳等，是為病苦。臨終時，全身或酸楚疼痛，或極度困乏，而內心絕望、恐懼，是為死苦。與憎惡的人不得不見，甚至必須朝夕相處，是為怨憎會苦。與親愛的人不得不生離，或者死別，是為愛別離苦。欲求錢財、青春、美貌、健康、友情、愛情、親情、工作、名聲、權勢、學位、知識等而不可得，或欲求脫離苦難而不可得，此等所引發之煩惱，是為求不得苦。五陰即五蘊，代表達到清淨之身的五種遮障；五蘊包含色、受、想、行、識。色，指的是有形的肉身；受、想、行、識指的是感受、思慮、自然驅力作用及神識。當肉體慾望及精神作用過於強烈時，人會因為身、心壓力而變得苦惱不堪，是為五陰熾盛苦。

了解人世間各種苦痛及煩惱後，世尊以智慧觀照，何以人會起各種苦惱？人世間一切事物及現象都是因緣(機遇)而起(產生)，因緣而滅(消滅)，煩惱及痛苦亦然。老、病、死等苦惱是因為有生(出生)。何以有生？因為有有(俱有，或謂有業)。何以有有？因為有取(執取)。何以有取？因為有愛(貪愛)。何以有愛？因為有受(感受)。何以有受？因為有觸(與環境事物接觸，胎兒在母體內即已開始)。何以有觸？因為有六入(眼耳鼻舌身意，六種知覺器官)。何以有六入？因為有名色(含神識之有形體)。何以有名色？因為有識(神識，或謂阿賴耶識)。何以有識？因為有行(自然之運作)。何以有行？因為有無明(一種原始的混沌)。此之謂「十二緣起」。根據「緣起緣滅」的道理──無明滅則行滅，行滅則識滅，識滅則名色滅，名色滅則六入滅，六入滅則觸滅，觸滅則受滅，受滅則愛滅，愛滅則取滅，取滅則有滅，有滅則生滅，生滅則老、病、死等煩惱滅──消滅無明，就等於消滅老、病、死等人世間各種煩惱。以上所述是從根本上獲得解脫，除此之外，也可以從中間實施斷滅。人世間各種苦惱經常是由於貪愛及執著所引起，如果能斷除貪愛、執著，同樣能獲得清淨，而解脫自在。

體悟人世間各種苦(苦諦)，了解形成苦的原因(集諦)，以及滅苦的理論(滅諦)之後，世尊更提出滅苦的正確途徑，即所謂「八正道」(道諦)，其中包括：正見(對事物有正確的見解)、正思惟(正確的思維)、正語(正確的言語)、正業(正確的行為)、正命(正確的謀生立命)、正精進(正確的努力修習)、正念(正確的意念)、正定(正確的禪定)。

除了以上「四聖諦」及「十二緣起」觀念的教導外，世尊在《金剛般若波羅蜜經》中也有一段相關的開示，即：

一切有為法，如夢幻泡影；

如露亦如電，應作如是觀。

此四句偈的意思是說「一切因緣造化的事物，有如夢境、幻覺、泡沫、光影一般，看似真實，其實都是虛幻；又好像清晨的朝露，空中的閃電，轉瞬間就消失了蹤影，對於一切因緣造化的事物，應該如此來看待。」換言之，世事變幻無常，對於緣起緣滅的事物不要過度執著與貪戀，否則就會自尋煩惱。舉例來說，一粒種子應著潮濕、溫度等因緣而發芽，然後，芽會長大，而後枝葉茂盛，然後開花結果，而後枯萎老去，人世間的許多事物何嘗不是如此？所以，我們怎麼能夠期望花永遠好，月經常圓，人永遠不分開呢？如果我們能充分體會其中的道理，就能夠從痛苦中解脫出來。

由以上諸多教誨，我們可以發現佛法中蘊含著深邃的哲理。其中對於人世間苦的體驗，苦的分類，苦的來源分析，以及斷滅之道的提出，可說是透過長時間觀察與「深度思考」而建立起來的。我們有緣聽聞，是極大的福報！

[Ref.13, 14, 15, 16, 17, 18]

牛頓

當我們坐在沙發上，透過衛星轉播，觀賞高水準的奧林匹克運動競賽時，您可曾想過，人造衛星是如何施放上太空的？當然，這其中包含了許多人的參與；然而，如果沒有牛頓的重力理論，這件事就難以實現。當我們享受著汽車、飛機、子彈列車、摩天大樓、斜張橋、照相機、電視機……等現代科技文明所帶來的方便時，您可曾想過，這些東西是怎麼被創造出來的？當然，這其中包含了許多人的參與；然而，如果沒有牛頓的力學及光學理論，這些事也難以實現。牛頓為十八世紀工業革命及現代科技預先鋪好了道路，他對人類的貢獻是有目共睹的。

公元一六四二年耶誕節凌晨兩點，艾薩克・牛頓(Isaac Newton)誕生於英國林肯郡烏爾斯索浦(Woolsthorpe)的一戶農家。由於早產，身體羸弱，所以，醫生認為他可能活不下來。牛頓的父親在牛頓出生前即已去世，留下一些遺產，使得母子生活能夠有所依靠。數年後，母親改嫁，年幼的牛頓只得跟著外祖父母一起過活。

牛頓的童年十分孤獨，他的朋友很少，所以，大部份時間都待在自己的房裏，獨自摸索著做一些機械模型及玩具。十二歲那年，牛頓前往格蘭特罕地區的國王中學就讀，如同許多偉大的科學家一樣，牛頓小時候的表現並不突出，他在學校的成績平平，許多同學覺得他有些孤僻。這種情形一直持續著，直到牛頓十四歲生日的前幾天，因為發生了一件事情，從此改變了他的一生。

由於牛頓身體瘦弱且個性內向，所以，在學校經常受到同學欺負。有一天，一位身材魁梧的學生又跑過來欺負他，牛頓實在忍無可忍，就與對方扭打起來。混亂中他打到對方的鼻子，鮮紅的鼻血立刻湧了出來，那名學生無心戀戰，牛頓因此贏得光榮的勝利。經過這次事件，同學們對他都刮目相看，而他也開始對自己有了信心，因此，立志在功課上也要有所突破。從此，他努力向學，成績突飛猛進，十八歲那年，即進入劍橋大學三一學院繼續深造。

年輕的牛頓，對於光學，尤其是三稜鏡所造成的彩虹效應有著濃厚的興趣，他廢寢忘食地進行各種實驗，並且將成果一一記錄下來。二十二、三歲時，更著迷於二項式定理等數學方面的研究。一六六五年夏天，倫敦爆發大瘟疫，很快就擴散到周圍的城鎮，為了避免傳染，劍橋大學因此停課，牛頓也被迫回到了故鄉。

第二年的夏季即將結束，有一天下午，牛頓坐在樹下沉思，一粒蘋果正好掉落到他頭上。牛頓感到好奇，為什麼蘋果總是落到地面？他猜想，有一種看不見的力量把蘋果吸引到地面上，可是，為什麼月球就不會掉下來呢？牛頓不斷地思索這個問題，就在劍橋大學復課的前幾天，他忽然得到靈感。他想起小時候在學校玩的一種遊戲，當學生拿著水桶旋轉，如果旋轉的速度夠快，水桶裏的水就不會潑灑出來。因此，他推論，當物體快速旋轉時會產生一種力，他稱之為離心力，就是這離心力讓水待在水桶裏不噴灑出來；也就是這離心力讓月球待在月球軌道上不墜落下來。至於蘋果離開蘋果樹後並沒有繞著地球快速旋轉，所以被一種看不見的力量往下拉，這種看不見的力量，牛頓稱之為重力。當一切豁然開朗後，牛頓回到了劍橋，公元一六六七年，他成功地推導出重力理論的數學式，那時，他才二十四歲。

往後的兩年間，牛頓在數學上屢有創新與突破，因此受到巴羅教授推薦，被聘任為劍橋大學有史以來最年輕的盧卡斯講座數學教授。一六七一年，牛頓親手製作出人類第一款反射式望遠鏡，效果比以往所使用的折射式望遠鏡要好；第二年，隨即獲選為英國皇家學會會員。牛頓在劍橋的實驗室裏曾經從事煉金術的研究，直到一六七九年六月，由於母親病危必須趕回林肯郡老家，才終止了這一項多年來沒有重大突破的研究工作。一六八六年四月，牛頓在英國皇家學會發表科學史上最偉大的著作之一——《自然哲學的數學原理》，該書於次年出版，其中彙集了牛頓所有關於力學方面的研究，以優美的數學語言描述自然界物體的運動現象。

早在一六六五至一六六九年間，牛頓基於物理研究的需要，曾經發展出一套微分及積分的數學理論。當時，並沒有對外發表，只是以手稿的形式在朋友間流傳，直到後來才在牛頓的著作中公諸於世。但是，比德國哲學及數學家萊布尼茲(Leibniz)所發表的微分學理論晚了若干時日。經過英國與歐陸學界激烈的論戰，最後，大多數人認為牛頓與萊布尼茲應該共享創立微積分學的榮耀。

公元一六九九年，牛頓奉命擔任英國皇家造幣廠總監，負責監督錢幣的鑄造，並且取締偽造集團，將他們繩之以法。一七〇三年，牛頓經由票選，榮膺英國皇家學會主席，這是英國科學界最尊貴的職務。一七〇四年，在友人的敦促下，牛頓將早期有關光學方面的研究成果印製成《光學》一書出版，而再度贏得世人的敬重。由於在科學及公職方面成就傑出，次年，英國女王安妮(Anne)冊封牛頓為爵士，他是第一位以科學成就而獲得貴族殊榮的人。

公元一七二七年三月二十日，牛頓因病去世，享年八十四歲。他終生未娶，辭世時，喪禮備極哀榮，遺體被埋葬在倫敦的西敏寺，與諸王、列后同享尊榮。

艾薩克・牛頓爵士離開人世已將近三百年；然而，他的成就卻依然嘉惠後代。根據一份調查顯示：牛頓的家族，包括他的祖先及父母都只是平凡人。即使是牛頓自己，小時候也很平凡；但是，他不斷地努力，使自己變得偉大。讓人印象深刻的是，他對研究工作的專注與堅持；他把錶誤當作蛋，放進鍋裏烹煮；他牽著馬犁田，馬走失了卻毫無所知；朋友惡作劇吃了他的餐點，他卻以為自己已用過餐。這一切的一切說明，牛頓在思考問題時是多麼地專注與深入。一般人看到蘋果從樹上掉下來，總認為是理所當然，不會詳加追究；牛頓卻不同，他進入深沉的思考，不斷地探究原因。他的執著與「深度思考」幫助他解決許多科學上的問題，也使他揚名立萬，成為舉世所崇敬的偉人。[Ref.19]

多用立體思考，人生可以很幸福！

第 4 章

高度思考

第四章　高度思考

每年秋冬之交，成千上萬隻的候鳥從台灣南部過境，其中有一段時間，可以觀賞到灰面鷲及赤腹鷹在墾丁、恆春上空優雅盤旋的景象；機緣若是湊巧，還能目睹灰面鷲從空中俯衝而下，疾速獵殺田鼠的情景。當我們抬頭賞鷹的同時，可曾想過一個問題，就是天空中盤旋的鷹又是如何地看待我們？人類與鳥類的視覺印象應該是有所不同的；因為，人經常生活在地面上，看東西是平視，而鳥類經常活動在高空中，所以看東西是俯視。以樹木來說，我們經常看到的是樹的側視圖，而鳥兒經常看到的是頂視圖。由於視覺印象的差異，在想法上是否也會有所不同呢？譬如，觀看同一座湖，我們可能覺得這座湖好大、好美；在鳥兒看來，可能會覺得這座湖沒什麼特別，而遠處那座湖才稱得上遼闊、壯麗。當我們在田野間盲目地尋找失蹤的愛犬時，鳥兒在高空中可能一眼就發現了目標。同樣是一雙眼睛，為什麼有如此大的差異呢？因為，所處的高度不同。灰面鵟的視力一流；然而，待在地面上功效便要大打折扣。反之，當牠翱翔天際，從高空俯察大地，獵物便無所遁形。跳躍的兔子與逃竄的田鼠，哪一個是牠的首選？哪一個應該放棄？孰輕？孰重？孰緩？孰急？在牠腦中自有盤算。人也是一樣，當我們有機會從高處來看待問題時，事物的整體輪廓就清晰了，目標與重點也容易浮現。這種跳脫混沌，由事物輕重、緩急的角度來思考問題的模式，可稱之為「高度思考」。

孔子曾經「登泰山而小天下」，莊子與白居易則有「蝸牛角上爭何事？」的慨嘆；當人的眼界提昇到一定高度時，看待事物的態度便會有所不同，許多枝微末節的事不再計較了，看見的是更重大的事情。以下列舉數則前人運用「高度思考」的範例。

孫臏

著述《孫子兵法》十三篇的兵學大家孫武去世後，過了一百多年，後代子孫中出了一位人才，名叫孫臏。孫臏與龐涓是同學，一道拜鬼谷子為師，學習兵法。後來，龐涓到魏國當了將軍，自認為能力不及孫臏，就把孫臏騙到魏國，然後捏造罪名，誣告他私通齊國，依法削去孫臏的膝蓋骨，使他不能行走，同時在他臉上刺字並染上墨汁，就是希望孫臏從此隱居，打消出來做官與他競爭的念頭。

齊國的使者奉派到魏國大梁，孫臏在牢裏懇求獄卒代為前往關說。使者聽完孫臏的遭遇，覺得非常離奇，就偷偷地把孫臏帶回齊國。齊國將軍田忌經常與齊國的公子賭馬，孫臏發覺，雙方的馬匹腳力其實相當，如果勉強還是可以區分為上、中、下三種等級，於是跟田忌說：「我能讓您獲勝，並且贏得彩金。」田忌相信他的話，於是，邀集齊威王及公子們賽馬，並且以千金為賭注。孫臏說：「您用下等的馬與他們上等的馬比賽，用上等的馬與他們中等的馬比賽，用中等的馬與他們下等的馬比賽。」三場比賽結束，田忌輸一場而勝兩場，於是贏得千金的賭注。田忌知道孫臏確實是位人才，便將他推薦給齊威王，威王向他請教兵法，並且決定重用他。

後來，魏國攻打趙國，趙國的情況非常危急，趙王派人向齊國求救。齊威王想任命孫臏為將軍，孫臏推辭說：「受過刑罰而身體殘廢的人不適合擔任將軍的職務，因為，這有損軍威。」於是，齊威王改派田忌為將，命孫臏為軍師，以車代步，隨軍出謀劃策。田忌想要派兵前往趙國馳援，孫臏說：「要解開雜亂的繩索，不能使勁地拉扯；要阻止兩個人拼鬥，不能把自己也陷入其中。從空虛的地方下手，形勢就會改觀，事情自然就能獲得解決。現在魏國攻打趙國，精銳盡出，魏國都城大梁必定空虛；不如急攻大梁，佔據其街道，攻擊脆弱的據點，魏軍一定會停止攻趙而趕回去救自己的都城；如此，我們非但解救了趙國，還可以輕易地佔領魏國領土。」田忌聽從孫臏的策略，果然，魏軍停止攻趙，趕回來救大梁，沒想到在經過桂陵的時候，被早已埋伏的齊軍打得落花流水，龐涓從亂陣之中逃回大梁。

十三年後，魏國聯合趙國一起攻打韓國，韓國緊急向齊國求救。齊王再度任命田忌為將，直攻大梁。魏國這次已有防備，將軍龐涓接獲消息，立即帶領部隊趕回魏國。孫臏對田忌說：「魏、趙、韓三國的兵向來就勇敢、剽悍，而且總認為齊國的兵膽怯、懦弱。善戰的人懂得因勢利導，兵法上說：『軍隊奔行百里容易折損高級將領，奔跑五十里則部隊只有一半會到達。』我們在魏國境內埋鍋造飯，第一日架設十萬人所需的鍋灶，第二天改為五萬人的灶，第三天改為三萬人的灶。」龐涓追擊了三天，非常興奮地說：「我就知道齊軍懦弱，追了三天，齊兵就逃了一大半。」於是，把為數眾多的步兵拋在腦後，帶領著騎兵加速追趕。孫臏估計，龐涓的人馬大約在傍晚時分會到達馬陵。馬陵的道路狹窄，而且旁邊有許多掩蔽，適合設置埋伏。於是，將路旁一棵大樹的樹皮剝去，在白色的樹幹上寫著：「龐涓死於此樹之下」；一方面則安排弓箭手沿著道路兩側埋伏，囑咐他們，天色暗下來後，只要看到樹下有火光，就弓弩齊射。果然，龐涓帶領著騎兵在天黑後趕抵樹下。看見白色的樹幹上隱隱約約有字，於是叫人取火燭來觀看。樹幹上的字還沒有讀完，齊軍已萬箭齊發，一時之間，魏軍陣腳大亂，人馬相互衝撞，死傷難以計數。龐涓自知此劫難逃，憤恨地說：「這一下讓孫臏成名了。」於是，舉劍自殺。齊軍乘勝大敗魏軍，俘擄魏國太子申，孫臏因此名揚天下。

讀完司馬遷《史記》上的這段記載，闔上書，深深地讚嘆，孫臏真是懂得用兵的巧妙啊！《孫子兵法．虛實篇》云：「凡先處戰地而待敵者佚，後處戰地而趨戰者勞。故善戰者，致人而不致於人。能使敵自至者，利之也；能使敵不得至者，害之也。故敵佚能勞之，飽能飢之，安能動之。」意思是說：「凡先抵達戰場，佔領有利地形以等待敵人的，就安逸，後抵達戰場，倉卒應戰的，就勞苦。所以，善於指揮作戰的人，能操控敵人而不被敵人所操控。能讓敵人自己趕來，是利益使然；能讓敵人不來，是妨害使然。懂得這些道理，則敵人安逸時，我們能讓他勞苦，飽足時，能讓他饑渴，安穩時，能讓他移動。」公元前三百五十多年，「圍魏救趙」的戰爭中，孫臏盱衡整體情勢，點出魏國的都城大梁才是戰略上的重點。攻擊這一處要害，非但可以解除趙國之危，還可以輕易佔領魏國領土；非但可以避實擊虛，還可以以逸待勞，設下埋伏，穩操勝算。這就是能夠正確分辨事物的輕重、緩急，善用「高度思考」的典範。[Ref.02, 20]

藺相如

東周戰國時期，楚國人卞和在山中尋到一塊璞玉，呈獻給楚厲王。厲王找玉石匠前來鑑定，玉石匠說：「這只是一塊普通的石頭。」厲王以為卞和欺騙他，於是砍斷卞和的左腳。厲王駕崩後，武王即位，卞和鼓起勇氣，將璞玉呈獻給楚武王。武王找玉石匠前來鑑定，玉石匠說：「這只是一塊石頭。」武王以為卞和欺騙他，於是砍斷卞和的右腳。等到武王駕崩，文王即位後，卞和抱著璞玉在荊山下哭泣，連續三天三夜，眼淚都哭乾了，甚至淌出血來。文王聽說此事，派人前去詢問，說：「天下被砍去腳的人多得是，你為什麼哭得那麼傷心？」卞和回答：「我不為被砍去的腳而悲傷，我悲哀的是寶玉被誤認為石頭，忠貞之士被誤認為騙徒，這是我之所以那麼悲傷的原因了。」文王於是命令工匠琢磨那塊石頭，果然，發現那是一塊罕見的寶玉，文王以卞和之名，命其為「和氏璧」。這塊寶玉後來在楚國的一次宴會中不翼而飛，然後輾轉流落到了趙國。

趙國有一位將軍名叫廉頗，以勇氣聞名於諸侯之間。趙惠文王十六年，廉頗奉命討伐齊國，攻城略地，大破齊軍。回國後，拜為上卿，晉升為朝廷中舉足輕重的人物。當秦昭王聽說趙惠文王手中握有希世之寶——和氏璧，於是寫信給趙王，表示願意用秦國的十五座城池作為交換。趙王與大將軍廉頗以及眾臣們商議，說：「如果把璧玉交給秦國，未必能得到十五座城池，只是徒然受騙。如果不交給秦國，只怕惹惱了秦王，引發兩國間戰爭。」君臣們一時間還拿不定主意，卻又煩惱著找不到一位合適的人選出使秦國。這時，宦官令繆賢建議，說：「我有一位門客，名叫藺相如，可派他擔任出使秦國的任務。」趙王問：「如何知道他能否勝任？」令繆賢答：「我曾經犯了罪，想偷偷逃往燕國，藺相如阻止我，說：『您怎麼知道燕王會收留您呢？』我說：『我曾經跟隨大王與燕王在邊境上會面，燕王私下握著我的手說，願意結交我這個朋友。所以，我才想投奔燕國。』；然而，藺相如卻對我說：『趙國強，燕國弱，而您在趙王身邊做事，所以燕王想與您做朋友。如今，您如果從趙國逃亡至燕國，燕國怕趙國，勢必不敢收留您，反而會將您捆綁遣送回趙國。您還不如袒露上身，背負著斧頭，自行到趙王面前請罪。幸運的話，或許可以脫罪。』我聽從他的建議，而大王您也赦免了臣下的罪，所以，我私自認為，藺相如有勇氣，有智謀，可以擔當使者的任務。」趙王於是召見他，問：「秦王以十五座城池交換趙國的和氏璧，可以答應他嗎？」相如答：「秦國強，趙國弱，不能不答應。」趙王接著問：「秦國如果拿了和氏璧，卻不交付城池，又將奈何？」相如答：「秦國用城池交換和氏璧，趙國如果不答應，錯在趙國。如果趙國交付璧玉而秦國不交付城池，則錯在秦國。兩相比較，寧可讓秦國背負過錯的罪名。」趙王又問：「派誰出使比較恰當？」相如答：「大王如果沒有適當的人選，我願意帶著和氏璧出使秦國。如果秦國將十五座城池劃入趙國的版圖，臣就將璧玉留在秦國；否則的話，臣會將和氏璧完好的帶回趙國。」趙王於是派藺相如出使秦國。

秦王坐在章台上接見藺相如，相如捧著和氏璧呈獻給秦王，秦王很高興，將和氏璧傳給一旁的美人及屬下觀看，屬下們都高呼萬歲。相如左等右等，看秦王沒有交付城池的意思，於是上前稟報：「這寶玉上有瑕疵，請容許我指給大王看。」秦王把和氏璧交還給相如，相如拿著璧玉站到大柱旁，怒髮衝冠，聲色俱厲地對秦王說：「大王想要這塊寶玉，派人送信給趙王，趙王為此召集文武大臣商議，大家認為秦王貪婪又自恃強盛，想必是一場騙局，所以決議不交出和氏璧。我個人則認為，一般平民交往還講求信用，何況是像秦國這樣的大國！況且，為了一塊玉而違逆大王的意思，是絕對不可以的。因此趙王吃齋持戒五天，派我帶著和氏璧前來大殿之上敬呈國書，為什麼？無非是敬重大國的威嚴。可是，今天我來到這裏，秦國的態度非常傲慢；拿到了寶玉，傳遞給美女及眾人觀賞，那種輕浮的場面簡直是戲弄人！我看大王並沒有割讓城池的意思，所以才取回這塊玉。大王如果把我逼急了，我的頭就和寶玉一塊撞碎在這大柱上。」相如高舉著璧玉，斜視著柱子，準備衝撞上去。秦王怕他撞碎寶玉，於是連聲勸阻，同時召喚官吏，攤開地圖，指著說：「就從這邊算起的十五座城池劃歸趙國。」相如猜測秦王只是作戲，並不會真正割讓城池，於是對秦王說：「和氏璧是聞名天下的寶物，趙王在惶恐的情況下，不敢不接受交換的條件。趙王在恭送和氏璧前往秦國時，事先齋戒了五天，如今，大王您也應當齋戒五天，然後在殿堂上安排隆重的大典，我才敢獻上這寶玉。」秦王心想，總不能強奪和氏璧，於是答應齋戒五天，並安頓相如改住在廣成傳舍。

相如猜測，秦王雖然答應齋戒，可是一定會違背約定，不割讓城池，所以，他命令隨從穿上老百姓的衣服，懷裏藏著和氏璧，抄近路趕回了趙國。秦王經過五天齋戒，然後在朝廷上安排重大儀式，以迎接趙國的使者藺相如。相如抵達後，對秦王說：「秦國自繆公以來，二十多位君主之中，沒有一位是信守盟約的。我怕受您的愚弄而辜負了趙王，因此，已經派人帶著和氏璧先行離去，估計現在已經回到了趙國。人人都知道秦國強而趙國弱，大王派一位使者送信到趙國，趙國馬上就派我捧著和氏璧前來。現在，以秦國的強盛，如果先割讓十五座城池給趙國，趙國豈敢扣留和氏璧而得罪大王呢？我知道，欺騙大王理應遭到誅殺。我在此甘願領死，只是我的話還請大王和眾臣們多加研議。」秦王和眾臣們面面相覷，有些大臣主張將藺相如處死，秦王阻止道：「如今殺了他，也得不到和氏璧，反而破壞了秦、趙兩國之間的友誼，不如依舊款待他，讓他回趙國，想那趙王豈會為了一塊玉而欺騙秦國！」於是，在大殿之上依禮接見藺相如。

相如回國後，趙王肯定他是一位賢能的大夫，出使友邦不辱使命，於是拜藺相如為上大夫。最後，秦國沒有割讓城池給趙國，而趙國也沒有將和氏璧再送往秦國。

後來，秦國攻打趙國，佔領了石城。第二年，又發兵攻趙，殺了兩萬人。不久，秦王基於戰略考量，派使者告訴趙王，希望重修舊好，並提議在澠池會面。趙王畏懼，不想赴約。廉頗和藺相如覺得這樣不妥，會顯示出趙國衰弱、懼怕的樣子，於是，力勸趙王前往。趙王在不得已的情況下勉強答應，並決定由相如陪同赴會。

廉頗親率大軍護送到邊境，向趙王拜別時，說：「大王此次赴約，按照時間推算，不會超過三十天，如果三十天還沒回來，則請求立太子為王，以免受秦國的要脅。」趙王答應了，於是前往澠池和秦王會面。

筵席上，秦王喝了些酒，開口道：「聽說趙王喜好音樂，請彈瑟助興。」趙王於是彈了一會瑟。秦國的史官走上前來，在史策上記載「某年某月某日，秦王和趙王宴飲，命令趙王彈瑟。」藺相如看了頗不以為然，便走上前去，說：「趙王聽說秦王擅長秦國的音樂，請大王擊缶助興。」秦王很生氣，不答應。相如便捧著缶上前跪請。秦王還是不肯。相如說：「大王如果不答應，在這五步之內，我不惜一死，也要濺得您一身是血。」秦王左右的臣子拔出刀來要殺相如，相如怒目喝斥，大家都不敢向前。於是，秦王很不高興地敲了一下缶。相如回頭召喚趙國的史官，在史策上記載「某年某月某日，秦王為趙王鼓缶。」過了一會兒，秦國的臣子們又出難題，說：「請趙國拿十五座城池來為秦王祝壽。」藺相如接著說：「請秦國拿都城咸陽來為趙王祝壽。」雙方一來一往，直到酒宴結束，秦王終究沒有佔到便宜。此次會面，由於趙國事先策劃週密，臨場警備森嚴，因此，秦國也不敢輕舉妄動。

澠池之會結束後，回到趙國，相如在這次任務中功勞最大，所以被拔擢為上卿，官位在廉頗之上。廉頗很不高興，說：「我身為趙國的將軍，有攻城略地、奮勇殺敵的大功勞，而藺相如只不過是動動口舌，官位竟然在我之上；況且他出身微賤，位居其下，實在讓我感到羞恥且難以忍受。」因此，公開宣稱：「如果碰到藺相如，一定給他難堪。」相如聽到消息後，便儘量避免與廉頗見面。每當上朝時，相如經常稱病不出席，就是不想和廉頗起爭執。

有一天，相如坐著馬車外出，遠遠望見廉頗，便趕緊吩咐駕駛調轉車頭迴避。相如府中的門客聽聞此事便聯合起來，說：「我們之所以離開親人，追隨在您左右，是因為仰慕您出眾的行誼，如今，您與廉頗同朝為官，廉將軍公開放出惡言，您卻怕他而躲躲藏藏，一般人都會覺得羞恥，何況是位高權重的您呢？我們沒有這等涵養，還是請求離去吧。」藺相如知道後再三阻止，說：「你們看廉將軍是否與秦王相當？」門客們回答：「當然不一樣。」相如說：「以秦王的威嚴，我尚且在大庭廣眾前喝斥他，羞辱他的臣子。我雖然愚鈍，唯獨就怕廉頗將軍嗎？我考量到秦國之所以不敢輕易對趙國發動戰爭，主要是因為有我和廉頗將軍在的關係。兩虎相鬥，勢必會有傷亡，就是因為這樣，我才將國家的急難視為優先考量，而把私人恩怨放在後頭。」有人把這些話告訴廉頗，廉頗聽了，就袒露上身，背負著荊杖，由友人陪同至相如府上謝罪，說：「我真是一個鄙陋膚淺的人啊！不知道您的胸襟寬大到如此地步。」於是，兩人握手言歡，結為生死與共的朋友。

當年，藺相如還是門客的時候，他規勸令繆賢勇於面對過失，背負著斧頭去向趙王請罪；他受趙王所託出使秦國，面對強悍狡詐的秦王，最後仍然能夠完璧歸趙；他陪趙王赴澠池之會，逼迫秦王擊缶，化解秦國出的難題，盡心維護趙王的顏面及利益。由這些事蹟我們可以看出，藺相如絕不是一位紙上談兵的文弱書生，他有勇、有謀，是一位智勇兼備的賢能之士。在面對大將軍廉頗的挑釁時，他衡時勢，認為兩人如果交惡將危及國家安全，國家如果滅亡，大家都得遭殃，就算自己爭取到尊嚴，又有何意義呢？因此，他以國家危難為優先考量，而把私人恩怨放在後頭，處處讓著廉頗，這種寬大的胸襟及高瞻遠矚的智慧，不正是來自於「高度思考」嗎？[Ref.02]

唐代宗

俗話說：「打狗要看主人。」皇帝的女兒是金枝玉葉，古時候，打皇帝的女兒不僅是家暴問題，如果處理不當，小者，可能招來殺身之禍；大者，甚至造成滿門抄斬。在中國的京劇、歌仔戲、紹興戲等地方戲曲中都有《打金枝》的戲碼。戲中敘述唐朝汾陽王郭子儀之子——郭曖——怒打其妻——昇平公主——的故事。

郭子儀，華州鄭縣人，身長七尺二寸，出身武舉。唐朝天寶年間，安祿山、史思明造反，史稱「安史之亂」，西京長安、東都洛陽相繼失守，玄宗皇帝倉惶出走，大唐江山岌岌可危。郭子儀臨危受命，任朔方節度使，奉命討伐叛軍，經過大小戰役無數，叛亂逐漸平息。這時，宦官魚朝恩嫉其功高，向肅宗皇帝進言，說郭子儀擁兵在外，日後將難以約制，是朝廷的隱憂；皇帝因此下詔，將郭子儀召回，打算削除其兵權。郭子儀奉詔後，毫不遲疑即刻進京，職務遭到解除也毫無怨言。後戰事吃緊，肅宗再次擢用郭子儀，臨終前，還付以重任，說：「河東之事，都委託你了。」代宗繼位後，戰事稍有起色。宦官程元振擔心郭子儀功高權重，難以駕御，又進讒言，郭子儀再度失去兵權。後吐番進犯，長安二度失守，郭子儀再次受到重用，終於擊退吐番，保住大唐江山。從此，代宗對他信任有加，並以君臣之禮相待，不直呼其名，而稱其為大臣。

郭子儀年老時，為了化解回紇與吐番的聯手進擊，冒死親往回紇營中遊說。他一人身繫國家安危及社稷存亡，達二十年之久。郭子儀中興唐室有功，代宗見郭子儀之子郭曖與女兒昇平公主年齡相近，便在公主十餘歲時，與郭家訂下婚約。

昇平公主乃天之嬌女，從小驕縱任性。郭曖出身世家，意氣風發亦不可一世。兩人婚後，磨擦自難避免。公主自視皇族，姿態甚高，郭曖心裏不舒坦，卻也莫可奈何。那年，郭子儀與夫人共度七十大壽；壽旦之日，兄弟姐妹們都成雙成對，高高興興地前往拜壽，唯有郭曖形單影隻獨自前往。當日，非但是朝中大臣，就是皇太子也奉命前來祝賀，唯有昇平公主自恃身份特殊，不肯就下前往跪拜。駙馬爺郭曖幾杯壽酒下肚後，氣憤難消，悻悻然回府興師問罪。公主非但不承認有錯，還強辯道：「日行向西，水流向東，自古哪有君拜臣的道理？你我比不得民間夫妻，你家官職再高，也是我李家的臣子。」郭曖一聽，惱羞成怒，說：「你仗著父親是天子，氣燄如此囂張。我父親只是不想當皇帝，你也不問問，你家江山是哪裏來的？沒有我郭家，能有你李家的天下？」言畢，怒火蒸騰，出手就打。公主大怒，立刻將此事稟告父皇。代宗安撫公主，說：「事實就是如此。如果郭子儀想當皇帝，哪還有我們李家的天下？」公主就是不從，堅持要治郭曖的罪。

郭子儀知道郭曖闖下大禍，立即押解他前去向皇上請罪。代宗在了解整件事情的經過之後，一方面安撫郭子儀，說：「古語云：『不癡不聾，不作家翁。』兒女們閨房裏吵鬧的話，不需要深究。」另一方面，則假意要處斬郭曖。公主聞訊，感覺事態嚴重，連忙勸阻，並且承認自己也有過錯。皇上乃曉以大義，勸解兩人重修舊好。郭曖返家後，免不了遭到父親一頓責打。日後，公主脾氣收斂不少，從此相夫教子，輔佐郭曖維持家聲不墜。

代宗及郭子儀危機處理得宜，順利化解了兒女所引起的一場風暴。代宗從高處認清大局，而不去計較一些枝微末節的小事，在這件事情的處理上，應該是妥當而有智慧的。汾陽王郭子儀雖然出身武舉，但是，做人、做事卻深得要領，享壽八十五歲，八子七婿，兒孫滿堂，福、祿、壽全歸。[Ref.21, 22]

柳公權

柳公權，字誠懸，唐朝華原人。他是中國歷史上有名的書法家，其書法以骨勁著稱，與顏真卿的寬疏圓滿，有明顯的不同。人如其字，柳公權的性格剛正不阿，在朝為官時，敢於直言。唐穆宗御覽其字，甚為喜愛，曾經問他：「你的字為什麼能寫得這麼好？」柳公權回答：「用筆在心，心正則筆正。」穆宗愀然變色，沉默不語，因為，他知道柳公權正在用書法的道理規勸他。

公元八三七年四月，唐文宗李昂與柳公權等大臣在偏殿談話，那時，柳公權的職務是中書舍人、翰林學士兼伺書。文宗舉起衣袖給臣子們看，說：「這衣服已經洗過三次了。」眾臣都讚美皇上有節儉的美德，只有柳公權沉默不語。文宗覺得好奇，詢問柳公權為什麼不說話？柳公權回答：「陛下貴為天子，四海之內都是您的財富。天子應該把精神放在引進賢能之士，罷退昏庸官吏，採納正直諫言，賞罰力求嚴明等重大事情上；這樣國家才能夠安定，而且充滿希望。穿戴洗過的衣物，雖然具有節儉的美德；但是，與剛才所說的事情比起來，這只不過是枝微末節罷了。」文宗知道這是規勸的話，便對柳公權說：「我知道不該再讓你兼任諫議的工作，可是你有直言的勇氣與卓越的見識，就請你勉為其難地接受吧！」於是任命柳公權為諫議大夫，其他職務則維持不變。

柳公權認為，天子掌理天下之事，就當以選任賢才來輔佐朝政等大事為重，而不該專注於穿著等微不足道的小事。這就是能認清本末，把握事物輕重、緩急的「高度思考」。[Ref.23]

無名氏

猶太民族中，有著這麼一個古老的傳說。

很久以前，有一位富有的猶太人，他的妻子在為他生下一個兒子後，不久便離開了人世。這位富翁在傷痛之餘，將所有的愛投注於他的獨子身上；他為兒子請來褓母，照顧其生活起居，長大後，更將他送往城裏去接受良好的教育。

不幸的是，孩子學業未成，還來不及返家，這位富翁卻忽然染上了重病。富翁知道自己的時日不多，臨終前，他立下一份遺囑，指明他的獨子可以繼承他名下的一項財產，其它財產則全部留給一位隨身的奴僕。

富翁去世後，那位奴僕興奮地趕到城裏，找到了富翁的兒子。

當兒子聽說父親去世，又將大部份的財產留給了奴僕，心裏真是傷痛欲絕。他沮喪地去探望一位拉比(經師)，說：「我的父親是否不愛我呢?在我記憶中從未做過一件讓父親傷心的事，他為什麼要把那麼多的財產留給奴僕呢？」拉比安慰他說：「其實你父親是愛你的。他很聰明，擔心自己去世後，奴僕可能會故意隱瞞消息，私自瓜分他的財產，所以才有這樣的安排。你難道不知道奴隸的財產是屬於主人的嗎？你選擇繼承那名奴僕為你的財產，其他財產不就全歸你的嗎？」孩子聽完後恍然大悟。原來父親仍然是深愛他的，而這一切都是父親巧妙的安排。

以上這段故事告訴我們，複雜的事要化繁為簡。選擇牛，或羊，或帳篷，或器皿，或金飾，都不如選擇那名奴僕重要。凡事從高處看，提綱挈領，抓住重點，智慧就存在其中。

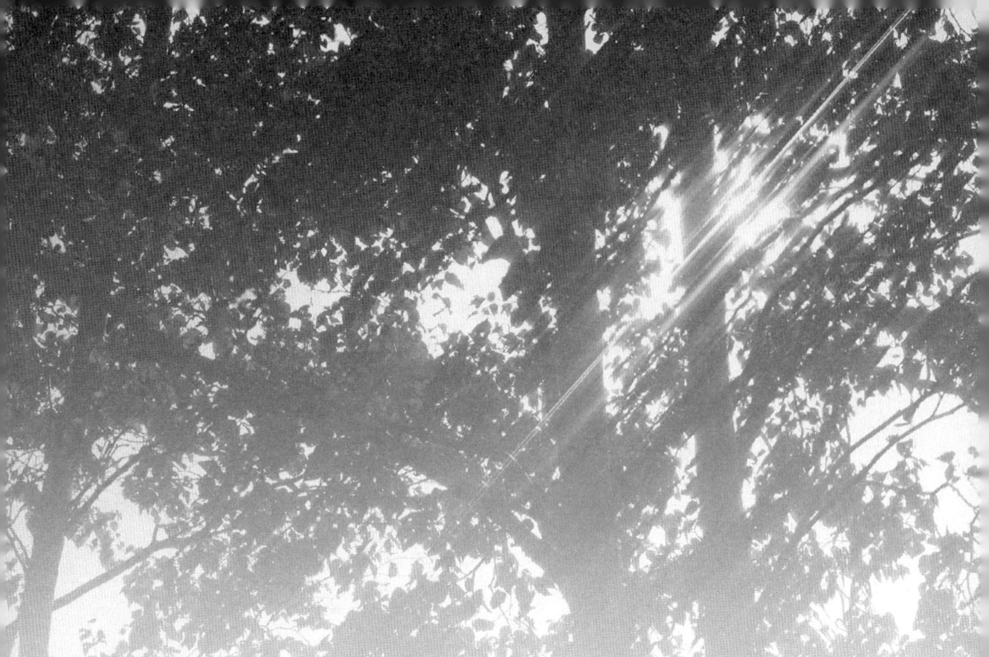

第5章

立體思考在生活中之應用

第五章　立體思考在生活中之應用

立體思考可以應用在工作上、創作上，也可以應用在日常生活之中。以個人經驗為例，立體思考幫助我解決了不少生活上的問題。

例一　投資理財

許多年來，買股票總是容易被套牢。不買，它天天漲；一買，三天內一定住進套房。有時候，我感覺很好奇，為什麼總是這樣靈驗呢？後來我才明白，原來是我太相信媒體上的消息了！

媒體上所發佈的消息以及證券分析師的話，其吸引力有如糖蜜，很容易讓人迫不及待地下單，搶進股票而唯恐不及。在損失不少錢財之後，才逐漸學會了「廣度思考」。

此後，每當媒體推薦特定之股票時，我開始會反過來想——真有那麼好嗎？他真正的目的是什麼？他是不是在利用媒體坑殺散戶呢？——只要不隨著他的音樂起舞，不衝動地搶進股票，就有充裕的時間去接收其他來源的訊息，並且根據技術指標所處位置之高、低，來進行綜合研判。有了以上的警覺，我發覺受騙上當的次數變少了。「廣度思考」在投資理財上幫助我減少損失，相對地，則提高獲利的機會。

例二 心靈鍛鍊

家父在六十八歲時，因胃癌去世。家母在七十五歲時，檢查發現子宮頸癌；雖經治癒，十年後又因肺癌而辭世。從事保險的一位親戚建議我買一張癌症保單，我照她的意思辦了；因為，根據現代醫學的說法，我可能帶有癌病基因，屬於罹患癌症的高危險群。有一段時期，我頗受癌症陰影的折磨，經常擔心上天會突然下達死亡的判決。

有一天，我在林中散步，一陣微風吹過，剎那間，潔白的油桐花如雪片般飄落下來，難怪有人稱此為「五月雪」，形容得真是貼切。身處如此浪漫、詩意的情境之中，望著滿地的落花，前進的腳步再也不忍踩在那潔白的花之毯上。

想起《紅樓夢》裏黛玉葬花的故事；然而，滿地的油桐花卻未透露出一絲悲傷的氣息。反倒是清風一來，花朵就紛紛落下，毫不戀棧，令人感覺它們是多麼瀟灑！想想自己對生死的看法也太過沉重了，還不如眼前的花朵這般灑脫。

大自然中，「花開、花謝」是極其平常的事，而「生生、死死」也是再自然不過的道理；懷著永不割捨的心情，到頭來就免不了失望與痛苦，與其如此，何不一切隨緣？擁有的時候，好好珍惜；失去的時候，無須懊悔。如此，人生就不會那麼沉重，而變得輕鬆、愉快起來。透過以上的「深度思考」，讓我重新體察生死，舒緩對癌症的憂慮，更讓我了解當下該如何地生活？！

例三 人際關係

就讀高中的兒子，利用暑假到一家食品工廠打工。有一天，他苦喪著臉回來，說：「真想對領班發飆！」

「怎麼了？」我好奇地問。

「我們男生力氣大，所以被分派到鍋爐房工作。在那裏，因為有鍋爐，所以特別悶熱。您知道，清洗鍋爐的工作又重又累；當鍋子在煮東西的時候，我們還得到其他房間去幫忙包裝。工作勞累也就罷了，領班卻經常不分青紅皂白地就開罵，讓我覺得自尊心很受傷害。」

「嗯…」我稍作答腔。

兒子接著說：「像今天，她又拉高了嗓門，喊道：『某某！你在幹嘛……去把倒漿的鍋子刷乾淨！』一會兒，又喊道：『某某！你看推車不是在這裡嗎？全世界的人都看到了，就是你找不到！』辛苦工作，我可以接受，可是，每天都得忍受她的叫罵，我該不該頂撞她呢？」

這的確是個難題。頂撞她，往後的日子恐怕更不好過。再說，工作難找，頂撞她，可能會失掉工作；不頂撞她，就得默默忍受，這又太過委曲自己。

透過「高度思考」，想想人生的追尋中哪些是相對重要的？如果，打工是為了給自己磨練，為了體驗工作的辛苦，為了掙零用錢，那麼，勞苦、忍辱就是磨練；不輕易放棄工作，就能掙得錢財。而目前的情況，除了鍋爐房的工作要注意安全外，其他似乎還不至於太過離譜。總而言之，為了保有工作，不該與領班起衝突。有委屈可以溝通，在適當的時機，用良好的態度，簡潔地表達你的苦惱與期盼，透過溝通，問題或許能獲得改善。最後，想用以下的一段話來彼此共勉——心有大志者，要學習忍辱，避免將生命浪費在小格局的鬥爭之中。

例四 養生保健

古代中國人喜歡進補，人參、當歸、虎鞭、蛇血、鹿茸、龜甲，花費了不少精神及錢財；然而，卻仍有「人生七十古來稀」之嘆！現代的中國人普遍也喜歡進補，靈芝、燕窩、雞精、蜆精、藥補、食補，補來補去，國人的平均壽命在世界排行榜上也未見名列前茅。由此可知，「進補」不是健康長壽的靈丹妙藥，而盲目的進補，對身體未必有益，甚至可能有害，所以，談養生保健絕不是一個「補」字了得！那麼，我們應該如何進行「養生保健」呢？

針對這項問題，個人嘗試以「立體思考」來尋求解答。首先應用「廣度思考」，從世界長壽村、長壽之國、百歲人瑞以及中國傳統養生哲學、現代養生保健觀念等角度來作觀察；其次運用「高度思考」，將養生保健中個人認為應優先執行的事項提列出來；繼而運用「深度思考」，針對人體消化系統進行深入之剖析，最後綜整出一套養生保健之道，以供有緣人參考。

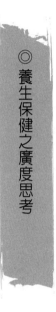

◎養生保健之廣度思考

．世界長壽村

國際自然醫學會曾經對全球幾個長壽村，如：前蘇聯高加索西南的拘卓爾村、南美秘魯和厄瓜多爾接壤處的維爾卡旺巴、中國大陸廣西的巴馬、原名香格里拉的西藏洪札、巴基斯坦的罕薩等聚落進行調查，結果發現，這些地區年齡達百歲以上的人極為普遍。研究更發現，這些長壽村具有以下共同特徵：(1)地處山區。(2)空氣清新且含氧量充足。(3)水質乾淨，未遭到工業污染。(4)居民多半務農，經常勞動。(5)日出而作，日入而息；早睡早起，生活規律。(6)飲食方面以低脂肪、低熱量、高纖維的蔬菜、水果、雜糧及天然穀物為主，肉類攝取量較少。(7)部份地區有飲用發酵奶的習慣。(8)長壽村的居民大多性情溫和、樂觀知足，能與人和平相處，沒有太多的精神壓力。廣西巴馬地區的居民日常生活中以唱山歌為樂，這對他們情緒的抒發，開朗性格的養成應有相當的幫助。 [Ref.24]

・長壽之國

日本是近年來國民平均壽命最長的國家之一，男女平均壽命約八十歲左右。這固然與國家醫療體系及全民保健知識之普及有關，而許多營養學家則認為，日本人之所以長壽與國民之飲食及烹調習慣有密切關係。

日本人以米飯為主食，以魚、少量的肉、大豆及其製品為蛋白質的主要來源，並多量攝取蔬菜、水果、海藻、昆布、菇類等食物。日本傳統的烹調方式以生拌、清蒸為主，用油量少。餐桌上經常見到的是雪白的米飯、青翠的蔬菜、紫黑的海菜、紅色的魚片、橘色的胡蘿蔔，不但賞心悅目而且清爽可口。日本人十分注重食物的新鮮度與衛生，並講求食物的色澤與原味。

‧百歲人瑞

根據二〇〇五年中國的一篇新聞報導，新疆和田地區有一位名叫肉孜的老人，年約一百一十歲，身體依然健朗，每天還能工作種地兩小時。他說：「每天天黑就睡覺，清晨雞叫就起床。早晨及中午用餐，晚上幾乎不吃東西。」據他兒媳婦說：「老人家愛吃玉米做的食品，並且特別喜歡吃些湯湯水水的東西。」

開國元勳、黨國大老張群先生於公元一九九〇年辭世時，高齡一百零一歲。他說，他生平遇到過許多朋友，本來身體很好，卻因為自負體力過人，或縱情聲色，或恣意口腹，以致病痛纏身，未老先衰。因此，他認為養生保健應注重節制；如此，才可以細水長流。此外，他從美國醫生哈瑞斯博士針對二十位長壽者所做的研究中，得到以下的長壽要訣——要有平靜幽默的性情、節制飲食的習慣、經常保持忙碌、充分的睡眠與休息——張群先生有一首不老歌：「起得早，睡得好；七分飽，常跑跑；多笑笑，莫煩惱；天天忙，永不老。」簡單的二十四個字，概括了這位百歲人瑞主要的養生之道。

先總統蔣中正的夫人——宋美齡女士，於公元二〇〇三年在紐約曼哈頓寓所去世，享壽一百零六歲。根據當年她在台灣的一位私人醫師回憶：宋美齡女士在七十四歲時，動作已經不太方便，開始需要坐輪椅。這位醫師分析宋美齡之所以長壽的原因為：(1)她心境平和，凡事想得開。她曾經提及，家屬中包括晚輩多人相繼去世，但她不自陷於深沉的悲慟中，因為，她認為曾經擁有過他們，就應當滿足。(2)注重飲食質量，少吃多餐，特別喜歡水果及生菜沙拉。(3)喜歡全身按摩。(4)晚年生活隨遇而安，不給自己太大的精神壓力。(5)一有不適，立即就醫。宋女士曾在日記中寫下她對身體保健的看法——工作，是半個生命，越忙越有精神。人要年輕、要健康，就要積極參加工作。反之，懶散是生命之敵，一懶生百病。要使生命之樹常綠，只有在不斷工作中防止智力衰退，保持身心健康。——據說，她還有一種特別的養生習慣，數十年如一日，就是每天臨睡前灌腸，目的在清洗腸道，不讓毒素在體內累積。

前總統府資政、中國醫藥大學創辦人陳立夫先生逝世時，高齡一百零三歲。陳資政一生淡泊名利，有養生四十八字箴言傳世「養生在動，養心在靜；飲食有節，起居有時；物熟始食，水沸始飲；多食果菜，少食肉食；頭部宜冷，足部宜熱；知足常樂，無求常安。」他每天清晨起床，然後沐浴、用餐，飯後在院子裡走動五百到一千步，數十年如一日，從未間斷。他經常鼓勵人，要全身上下自我按摩；因為，洗澡、散步、按摩能增進血液循環，促進新陳代謝，使身心常保健康。

雅娜・卡爾曼特（Jeanne Calment）法國人，出生於公元一八七五年，逝世於一九九七年，享年一百二十二歲。雅娜出身於長壽之家，父、母親及兄弟大都活到八十六歲以上。她在八十五歲那年研習劍術，一百歲時還能騎腳踏車。她嗜食巧克力及甜食(需視個人體質，有些人未必適合甜食)，很少緊張，也很少焦慮。許多人向她請教長壽之道，她總是幽默地說：「大概是上帝把我給忘了吧。」她認為長壽的秘訣是：(1)笑口常開，有幽默感。(2)熱愛生命，快樂地生活。(3)經常動動腦。(4)吃得好，但不暴飲暴食。(5)生活規律，最好有午睡的習慣。(6)經常運動，特別是游泳、快步走、騎腳踏車等有氧運動。(7)基因要好，出生在長壽的家庭。

・中國傳統養生哲學

中國傳統養生哲學淵遠流長，有三千年以上的歷史；內容涵蓋了醫、道、儒等各家的養生理論及方術。養生的目的不僅在求長壽，更要求活得健康、有尊嚴，期望能「盡其天年，無疾而終」。

古代的中國人已經了解，心理與生理狀態會相互影響；因此，有所謂「性命雙修」的主張，也就是把握心性與壽命的共同修持。《莊子・在宥篇》中提到「必靜必清」，佛家講「解脫自在」，道家講「超脫生死，心無罣礙」，皆在求一顆「平穩、清靜的心」。近代醫學也同意，清靜的心所帶來平和安穩的情緒有助於健康之促進。

「性命雙修」的「命」除了指身形壽命之外，廣義的也可解釋為命運，也就是把握心性與命運的共同修持。現代人說「性格影響命運」。在《韓詩外傳》中有一段話可以代表儒家的看法------子曰：「人有三死，行已自取也。夫寢處不時，飲食不節，勞逸過度者，疾共殺之；居下位而上干其君，嗜欲無厭而求不止者，刑共殺之；

以少犯眾，以弱侮強，忿怒不類，動不量力者，兵共殺之。此三者，死非命也，人自取之。」——大意是說，人有三種死法是自找的。一是起居作息不正常，飲食不知節制，太過操勞或懶散，如此則易遭疾病而亡；二是以下犯上，貪得無厭，慾望無窮，如此則易遭刑戮而亡；三是以少擊眾，以弱擊強，衝動易怒，不自量力，如此則易遭兵刃而亡。這三種非命的死法，是自己造成的。由此可見，中國傳統的養生哲學相當重視個人心性的修養。

春秋戰國時代的莊子在養生方面也有其獨到的見解。《莊子・養生主》中提到，「吾生也有涯，而知也無涯，以有涯隨無涯，殆已！已而為知者，殆而已矣！為善無近名，為惡無近刑，緣督以為經，可以保身，可以全生，可以養親，可以盡年。」譯成白話是「我的生命是有限的，而知識是無限的，以有限的生命去追求無限的知識，必然會疲累不堪！為了求取知識已經這樣做，就是疲累倦怠罷了！行世人所謂的好事，卻不追求親近好名聲，行世人所謂不好的事，卻不致觸犯到刑罰，順著這中道作為原則，不為名聲及刑罰所累，如此，則可以保守身體不受戕害，可以保全自由的身心，可以扶養父母及親人，可以享盡自己的年歲。」此外，莊子更以「庖丁解牛」、「澤雉」、「火傳」等作為比喻，進一步闡述他的養生理念。「庖丁解牛」以善用刀者，比喻善養生者能明白自然之理且順應而行，不因魯莽衝撞而自遭折損。「澤雉」則在強調，如果身心不能夠自由舒坦，縱使物質享受多麼豐厚，對養生也有所不利。「火傳」則以薪柴，比喻人的壽命有燒盡的一天，而薪火卻可以傳續下去；所以，養生不只在追求個體壽命的延長，更在追求生命及價值的延續。這些是逍遙遊的莊子所留給我們的養生觀。 [Ref.25, 26]

中醫的養生理論，主要根源於《黃帝內經》。《黃帝內經・素問・上古天真論》中提到，「上古之人其知道者，法於陰陽，和於術數，食飲有節，起居有常，不妄作勞，故能形與神俱而盡終其天年，度百歲乃去。」意思是說，上古明白自然之道的人，以陰陽變化的道理為師法對象，以養生方術調和身體，飲食有所節制，作息有一定的規律，凡事量力而不過度操勞，所以身心完好而享盡自然壽命，歷經百歲才離開人世。這些話看似平常，其實是先人養生經驗之總結。其中包括了五個要點：

(一)法於陰陽------就是要師法陰陽變化及陰陽調和的道理。舉例來說，針對大自然氣候的變化，有「春傷於風，夏傷於暑，秋傷於濕，冬傷於寒」的說法。因此，傳統的養生理論主張冬天宜早睡晚起，以免早晚寒氣重而侵害人體；夏天宜晚睡早起，以免暑氣重而難以入眠。飲食方面，夏天容易上火，宜少吃炸烤肥膩的食物，而多食清淡的蔬果；冬天宜多進熱食，並可根據個人體質狀況，以藥酒或藥膳補身。此外，衣著應隨著季節變換而有所調整，則是人盡皆知之事。又譬如，「晝夜交替」也是自然界的一種陰陽變化。師法晝夜輪替，日出而作，日入而息，而形成個人起居作息的規律，這些都屬於「法於陰陽」的範疇。

(二)和於術數------就是要以養生方術來調和身體，這其中包含了藥補、食補的配方，及身心鍛練的功法。藥補、食補乃是根據人體陰陽失和或加強體能需要，而進行身體的滋補與調理。坊間流傳的許多配方，如：四君子湯、八珍湯、十全大補湯等，由於個人體質不同，且須配合氣候變化，進補前應請教醫師。至於身心鍛練的功法，自古流傳下來的有：靜坐法、站樁功、氣功、五禽戲、八段錦、易筋經、天竺按摩法、吐納法、導引術、逍遙步、拍打功、外丹功……等，不一而足。近數十年來，瑜珈、太極拳在台灣頗為盛行，這些都是有益身心的養生功法。

(三)食飲有節----指的是飲食要有所節制，這其中包括了質與量的控制。量的方面，要適度，不要暴飲暴食。質的方面，不可釀脂肥甘，恣意偏食；可以五穀為養，五果為助，五畜為益，五菜為充，以滋養五臟。(《黃帝內經・素問・臟氣法時論》)

(四)起居有常----指起居作息要有一定的規律。日月運轉，四季變換，均有其節奏；而人體是一個小宇宙，亦當如此。起床與就寢、工作與休息、飲食與排泄應有一定的規律，唯有如此，人體內各系統才能在生理時鐘的調控下保持穩定正常的運作。如果日夜顛倒，作息紊亂，日子久了容易造成生理機能失調，而引發各種疾病。

(五)不妄作勞----指的是不要過度操勞，這其中包括了形勞、心勞與房勞。舉例來說，熬夜加班，體力透支，以及「久視傷血，久臥傷氣，久坐傷肉，久立傷骨，久行傷筋」之五勞(黃帝內經・素問・宣明五氣篇)都屬於形體上的過勞。心勞方面，則指的是過度的情緒與思慮。「喜、怒、憂、思、悲、恐、驚」為七情，情緒過度時，喜則氣緩，心神散亂；怒則氣上，肝火上升；憂思則氣結，脾胃不順；悲則氣消，耗傷肺氣；恐則氣下，腎氣不固；驚則氣亂，心無所依。房勞指的是房事過度，未能加以

節制。以上五點是《黃帝內經》對養生所作之重要提示。[Ref.27, 28]

《孟子・告子章句上》告子曰：「食色，性也。」對於飲食及女色的喜好既然是人的本性，那麼在生活內涵上必然佔有重要的份量。討論養生，當然不能只重視飲食，而忽略性生活方面的問題。《素女經》是一部談論男女性愛與養生方術的書籍。《素女經》黃帝曰：「夫陰陽交接，節度為之奈何？」素女曰：「交接之道，故有形狀，男致不衰，女除百病，心意娛樂，氣力強。然不知行者，漸以衰損。欲知其道，在于定氣、安心、和志。三氣皆至，神明統歸，不寒不熱，不飢不飽，寧身定體，性必舒遲，淺內徐動，出入欲希。女快意，男盛不衰，以此為節。」大意是說，懂得性生活的節度，則男的不致衰弱，女的能除百病，雙方心意愉悅，氣力強盛。然而，若不懂得個中訣竅，身體會日漸衰損，其中的關鍵在於，雙方面要兩情相悅，心情安適，力行呼吸吐納，配合天候既不過冷也不過熱，飲食既不過飽也不過饑，身體安適，情意舒坦，淺入慢動，出入不多，在女方感到快意，男方體能尚且充沛時即適可而止，以此作為行房節制的標準。除了《素女經》外，古代有關「房中術」之著作甚多，其中大多會提到性生活上的一些禁忌，譬如：大寒大熱，大饑大飽，大喜大醉，大、小便急，連日醉酒，久病方癒，熬夜倦怠，遠歸勞頓，婦人產後穢污尚存，均屬於時間方面的禁忌，不宜行房；山林沼澤，道堂佛殿，寶塔神祠，或不隱蔽、不安全、易受驚擾的環境，則屬於地點方面的禁忌；男女雙方如果不能兩情相悅，不是情投意和，而只是單方面的予取予求，則屬於人方面的禁忌。反之，如果能在天時、地利、人和三者配合的條件之下，調整吐納，動而少瀉，知所節制；同時，注意行房後汗水未乾，避免受冷風、冷水等風寒的侵襲，則正常的性生活，對一般人而言，非但無害，反而有利於養生。

中醫有所謂「子午流注」的論述。「子午」是一天十二個時辰中的兩個時辰，子時為半夜十一點至一點，午時為中午十一點至一點；由於分別為陰轉陽及陽轉陰的分界，因此用來代表每日時間的流轉。「流注」指得是氣血灌注人體經脈的盛衰狀況。每天由子時開始，每隔兩個小時，依序流注「膽、肝、肺、大腸、胃、脾、心、小腸、膀胱、腎、心包、三焦」十二經。為了配合此種生理節律，許多中醫師建議，晚間十一點至三點宜處於睡眠狀態。因為，此時氣血流注膽經及肝經，為體內物質合成及排毒的黃金時段，如果，熬夜不眠，容易使肝火旺盛，長期下來甚至會影響脾胃功能。午時，氣血流注心經，亦宜小睡，對於心臟的保養有所幫助。

古人為求長生，曾潛心研究煉丹之術。道家的「外丹術」就是在研究如何從物質中提煉出長生不老的仙丹；然而，事與願違，許多人甚至包括帝王在內均因服用丹藥而枉送性命。經過一次又一次的失敗，道家子弟遂從「外丹」轉而為「內丹」的鍛煉。所謂「內丹」指的是體內之「丹」，以人體的精、氣、神作為原料，透過身心調理與呼吸鍛煉，形成有如滋補的丹藥，以達到身心健康、延年益壽的功效。因此，道家的養生術特別重視吞津、吐納、肢體導引及意念觀想等技巧；即使是道家武術的太極拳法亦揉入了——(一)調身，也就是放鬆身體，進行運轉。(二)調息，也就是採取細勻、深長的腹式呼吸。(三)調心，也就是消除雜念，專心一致。——這些重要的養生技術。

二、現代養生保健觀念

隨著人類科技文明的發展及生活型態的轉變，新的養生保健觀念因此應運而生。以下從飲食、運動、睡眠、情緒、環境等方面一一進行探討。

(一)正確的飲食

人體約有六十兆個細胞，而細胞的活動需要營養，因此，人活著，就離不開飲食。現代的飲食觀念強調：

1. 攝取清潔、無毒的食物及飲水

俗話說：「病從口入。」但是，也有人說：「不乾不淨，吃了沒病。」前者主張飲食要注重清潔衛生，後者認為不需要太過講究。從前鄉下地方衛生條件較差，小孩子隨便養，隨便長，對於一般疾病的抵抗力確實是比較強；然而，一旦吃進了為數眾多或厲害的病菌，譬如：霍亂弧菌、傷寒桿菌、大腸桿菌，或者誤食蛔蟲、條蟲、薑片蟲等寄生蟲的卵，那麼吃苦受罪甚至賠上性命，就悔之晚矣！所以，現代主流的觀點還是認為，飲食必須注重清潔衛生。衛生單位及學校也經常向民眾或學生宣導「環

境衛生」及「飯前洗手」的重要。

古時候沒有電冰箱，食物不經過醃漬、燻烤等處理便容易腐敗。當時，人們所面臨的主要是細菌、病毒及寄生蟲等生物性污染所造成的危害；如今，冷凍、防腐技術雖然發達，人類卻面臨了新的挑戰，也就是食物受到有害化學物質、重金屬、甚至基因改造的污染。我們需要清潔的飲食，可是日常生活中一不小心就會吃進污染的食物。以下都是一些曾經發生過或仍在發生的案例，譬如：遭到多氯聯苯污染的食用油，遭到農藥污染的蔬菜、水果及茶葉，遭到有害化學物質戴奧辛污染的羊肉及鮭魚，遭到三聚氰胺污染的奶粉、奶精、麵包等，遭到致癌物硝基呋喃或孔雀石綠污染的魚、蝦，遭到致癌物甲醛(俗稱福馬林)污染的蘿蔔乾、米粉，遭到重金屬鎘污染的稻米，遭到重金屬汞污染的秋刀魚，遭到重金屬銅污染的牡蠣，遭到重金屬鉛、鎘、汞污染的蘑菇，遭到重金屬砷、鉛或鎘污染的井水及灌溉用水；此外，還有含鉛量過多的皮蛋或大骨湯，含鉛量過多的油條，受到致癌物黃麴毒素污染的米、麵、黃豆、玉米、花生，受到赭麴毒素污染的米、麵、玉米、花生、咖啡豆、咖啡粉，受到致癌物黃樟素污染的生薑，受到黑斑菌感染發霉的番薯，受到中華肝吸蟲卵污染的香菜，受到大腸桿菌污染的學生營養午餐，受到副霍亂菌污染的沙巴魚，受到沙門氏菌污染的花生醬。除此之外，自來水添加過量的氯，雞、鴨、豬、牛體內含有過量的抗生素或生長激素，臘肉、香腸、火腿內含有過量的硝酸鹽、亞硝酸鹽，油麵、魚丸、肉丸、豆皮、鹼粽中含有過量的硼砂，豆干、油豆腐及各種豆製品中含有過量的甲醛、過氧化氫等人工添加劑；此外，更有使用人工色素及香料製成的化學果汁及化學醬油，摻雜工業用鹽製成的食用鹽，摻雜工業酒精製成的假酒，摻雜有毒色素及人工甘味的蜜餞，摻雜有毒膨鬆劑的饅頭、油條、餅乾，摻雜過量防腐劑的醬瓜、鹹菜等醃製食品。人們為了防腐，為了保鮮，為了口感，為了賣相，為了各種理由，因而對食物進行不當的化學處理。這些不清潔的食物一旦進入人體，小則造成腸胃不適，大則影響肝、腎功能，甚至引發癌症等重大疾病。

中國時報在二〇〇八年曾經有過一篇報導，說國人體內鄰苯二甲酸酯類物質的含量普遍偏高，這可能與我們日常生活中普遍使用塑膠容器有關。根據研究，塑膠袋盛裝熱食會釋出鄰苯二甲酸酯類物質，溫度越高釋出的量越多。這種化學物質在人體內累積，對人體生長、發育、內分泌及精神狀況都會產生不利的影響。市面上有所謂的耐熱塑膠袋，雖然，裝盛熱湯不會變形，但這並不表示不會釋出有毒物質。用餐時所使用的塑膠碗盤也可能有問題，特別是PVC塑膠容器，不管是微波或者是裝盛熱食，只要溫度達到攝氏六十度以上，就可能釋出氯乙烯單體，人體吸收過量，則可能引起肝、膽等腫瘤。相對地，聚丙烯材質的容器(容器底部材質編號為5)較為安全，由於可耐熱至攝氏一百卅五度，故適合微波爐使用。市售之可樂、礦泉水大都使用保特瓶包裝，在售貨架上固然安全無虞，然而在運送、堆放的過程中，如果經過長時間太陽曝曬，溫度超過攝氏四十度，就可能釋放出對人體有害的物質。包裝與容器對食物所造成的污染不僅止於此；當我們烤肉時，用鋁箔包裹食材，不小心也會對食物造成污染。由於烤肉醬或調味料中的酸性物質會將鋁箔中的鋁質溶出，經常食用則可能傷害腦部，形成癡呆症；因此，用鋁箔包裹食材時，最好只放食物，不放調味料，待烤熟後再另行沾取醬料。

仔細檢討起來，這真是一個污染氾濫的年代，也難怪以天然無毒，不施用農藥、化肥及除草劑為號召的「有機食品」會蔚然成為一種風潮。為了全家人的健康，我們在食物的挑選、清洗、調理及保存上得多費些心思；而每日必須的飲用水也要多加留

意，避免遭到細菌、農藥、病毒、重金屬或有害化學物質的污染，必要時得採取適當的過濾或蒸餾措施。[Ref.39]

食物除了要注意是否遭到有害物質的污染外，還要注意食物本身是否含有毒素。有些食物不能生吃，因為本身即含有毒性，例如：生的金針菜含有秋水仙素，生的樹薯含有氰化物，生的豆子含有豆類皂素，生吃會引起腸胃炎、腹瀉或者中毒。有些蔬菜，例如：菠菜、紫蘇等含有大量草酸，生吃後容易引發急性腎衰竭。高麗菜、花椰菜、包心菜、白蘿蔔等，含有引起甲狀腺腫脹的物質，經常生吃容易使甲狀腺腫大。但是，這些蔬菜經過加熱處理，毒素被分解破壞後就不會有上述問題。此外，尚未成熟的綠番茄含有龍葵鹼，食用後口感苦澀，嚴重時還會出現頭暈、噁心、全身不適等中毒症狀。馬鈴薯含有大量的澱粉質，是很營養的食物；但是，馬鈴薯在發芽的過程中，芽眼、芽根和表皮綠色部份所含龍葵鹼的成份很高，如果不小心吃進這種對人體有害的生物鹼，輕者噁心、嘔吐、腹痛、腹瀉，嚴重者會出現呼吸困難、昏迷、抽搐等現象，甚至可能導致心肺麻痺而死亡。長久以來，蘆薈被認為具有美容養顏的功效，近年來，更有餐飲業者推出以蘆薈為主的美容養生餐。其實，蘆薈是一種外用藥草，並不適合大量或長期食用。蘆薈皮中含有大黃素，會造成腹瀉，如果一定要吃，應先將蘆薈的外皮去除。

綜上所述，攝取清潔、無毒的食物及飲水是養生保健最基本的法則。

2.食物須經過適當地儲存與調理

肉乾、魚乾、醃菜、鹹菜、米、麵、黃豆、玉米、花生等五穀雜糧及其製品放置在溫暖、潮溼的環境中，經由黃麴菌、赭麴菌等黴菌作用，會產生黃麴毒素及赭麴毒素。研究發現，大量攝入黃麴毒素會引起肝毒性發炎、肝出血及肝細胞壞死。長期低劑量食用，則可能導致肝癌。研究更發現，豬、牛、雞、鴨等家畜食用赭麴毒素污染的飼料，其內臟、鮮乳、甚至肉類中均有赭麴毒素的存在。大量攝入赭麴毒素容易引起急性腎衰竭、腎小管細胞大量壞死、肺水腫，甚至死亡。長期低劑量食用，則可能造成腎細胞壞死、腎間質纖維化、腎絲球玻璃樣變性，也可能引起流產、胎兒畸形及致癌的危險。因此，對於食物的儲存應多加重視。剛買回來新鮮的食材宜儘速放入乾燥或冷藏的環境之中。未吃完的食物，以及已開罐的花生醬、咖啡、豆腐乳、豆瓣醬

等亦應放入冰箱保存。 [Ref.29]

市面上經過醃漬調理的食物大多含有化學添加劑。以香腸、臘肉、火腿、熱狗為例，業者為了延長食物的保存期限，往往會添加硝酸鹽成份的防腐劑，而魷魚、干貝、秋刀魚、鱈魚、蚵乾、熟成的硬起司等食物則含有胺類成份，同時攝取這兩類食物，在消化液與腸道細菌作用下，容易在體內形成亞硝酸胺致癌物，而誘發癌症。雖然，攝取這些食物時，搭配富含纖維素與維他命C、E的蔬果，有助於阻止亞硝酸胺的合成，相對地，可降低致癌風險；然而，站在養生保健的立場，還是避免或減少食用醃漬食物為宜。由於養樂多等乳酸飲料與香腸亦容易在腸道內形成亞硝酸胺致癌物，因此，在同一餐次中應避免共食。 [Ref.29, 42]

生菜沙拉中大多含有維他命C，而紅蘿蔔絲中含有抗壞血酸分解酵素，兩者混合著吃，會破壞生菜中的維他命C。同理，紅蘿蔔燉白蘿蔔，顏色看起來是賞心悅目，但基本上並不符合營養搭配的原則。 [Ref.41, 42]

牛筋含有豐富的膠原蛋白，大豆含有植物雌激素，兩者一起烹食，可提高人體對膠原蛋白的吸收率，亦可縮短軟骨或韌帶受創者的復原時間。因此，兩者一同烹煮，

符合營養搭配的原則。[Ref.41]

菠菜含有維他命A、維他命C、鉀、鈣、鎂、鐵、葉酸及草酸等，是一種營養豐富的蔬菜。但是，其中的草酸如果經人體吸收，進入血液而流經腎臟時，即可能與體內的鈣質化合而形成腎結石。根據二〇〇九年日本一檔生活保健的電視節目所作之研究指出：嚼食菠菜時，口中所感覺的澀味是由於菠菜中的草酸與唾液或牙齒中的鈣質化合使然；如果，菠菜與豆腐、柴魚或牛奶等含鈣的食材一同烹煮，非但可以去除澀味，且菠菜中的草酸與食材中的鈣質會形成分子較大的草酸鈣，不易為腸道吸收，最後經由糞便排出體外，而減少草酸對人所可能帶來的危害。

許多水果含有維他命C及酵素，然而，經過攝氏四十度以上高溫處理，往往就會遭受到破壞；因此，站在營養學的立場，不宜將此等水果烹煮入菜。但是，對番茄及胡蘿蔔而言，則並非如此，因為，茄紅素、胡蘿蔔素等營養經過烹煮、油炒後更容易為人體所吸收。

食物不宜過度烹煮，否則營養素容易流失；而高溫油炸，經過長時間或反覆使用，油脂容易變質，甚至產生「丙烯醯胺」等致癌物，有礙人體健康。因此，烹調食物以水煮、水炒、汆燙、清蒸、涼拌為宜。調味則以清淡為佳，避免太鹹、太甜、太油或太辣。食用油以採用天然原味、未經精製之植物油較為理想。經過氫化過程製造之人造奶油(乳瑪琳)、氫化棕櫚油含有反式脂肪，人體無法正常代謝，應避免食用。[Ref.38]

以炭火燒烤的食物，雖然風味絕佳，但是，肉類油脂滴在高溫炭火上，產生「多環芳香烴」物質，隨著煙燻而黏附在食物表面，經常或大量食用，有可能致癌。雖然，少量攝取引發癌症的機率並不高，但能避免最好儘量避免，否則，可搭配食用大量蔬菜，以稀釋致癌物濃度來降低致癌風險。

3. 飲食須注意營養均衡

所謂「營養均衡」指的是，人體所需要的各種營養素須充分攝取，但不過量，其中包括：(1)碳水化合物 (2)蛋白質 (3)脂肪 (4)維他命 (5)礦物質 (6)水份。

碳水化合物在體內會轉化成糖類，為人體能量的主要來源。儲存在血液、肌肉及肝臟中的糖份如果缺乏，人會感覺疲勞，沒有體力；長時間缺乏更會影響肝臟、神經或腦部之功能。米飯、麵食、番薯、芋頭、馬鈴薯、玉米等「全穀根莖類食物」中大都含有豐富的碳水化合物。

蛋白質是組成人體細胞的基本物質，舉凡肌肉、骨骼、內臟、血液、神經、皮膚、毛髮、指甲等均由其構成。人體如缺乏蛋白質，則成長發育、組織修復、生理調節、免疫力等都將受到影響，身體也會逐漸衰弱。牛奶、羊奶、雞蛋、鴨蛋、大豆、花生、魚肉、雞肉、豬肉、牛肉、羊肉、鴨肉、鵝肉、田雞等「肉魚豆蛋奶類食物」中大都含有豐富的蛋白質。米、麵、玉米等食物中蛋白質的含量雖然不高，如果攝取量大，也可以成為蛋白質的重要來源。

脂肪可提供較高的能量，也是身體組織及細胞膜的構成物質。人體脂肪具有保暖作用，可抵抗寒冷。身體脂肪亦具有保護內臟器官的作用，可消減運動或外來碰撞所產生之衝擊。橄欖油、葡萄籽油、椰子油、苦茶油、棕櫚油、芝麻油、花生油、玉米油、亞麻仁油、大豆油、葵花油、紅花油、魚油、豬油、牛油、奶油及肥肉中分別含有大量的植物或動物性脂肪。除了食用油外，核桃、腰果、花生、芝麻等堅果及部份種子中亦含有相當份量的油脂。

維他命及礦物質可調節生理機能，是促進體內新陳代謝及各種生化反應所不可缺少之物質。礦物質中的鈣更是構成骨骼、牙齒的主要原料，鐵則為血液的重要成份。人體所需要的維他命包括：A、B1、B2、B6、B12、B15、B17、C、D、E、F、K、P、T、U及葉酸、菸鹼酸、雙氨基安息酸、泛酸、肌醇、生物素、膽汁素等。礦物質則包括：鈣、鐵、鎂、碘、鈉、鉀、磷、硫、氯、鋅、錳、銅、硒、氟、鈷、鉬、鉻、釩等。維他命存在於紅蘿蔔、白蘿蔔、茼蒿、菠菜、韭菜、香菇、金針菇、秀針菇、黑木耳、南瓜、柳橙、柑橘、鳳梨、木瓜、奇異果、榴蓮、櫻桃、檸檬、草莓、柿子、芭樂、梨子、桃子、乳酪、高麗菜、牛肉、豬肉、雞肉、羊肉、沙丁魚、鮭魚、鮪魚、鯖魚、鱸魚、鱔魚、魷魚、肝臟、雞蛋、鴨蛋、牡蠣、黃豆、豌豆莢、葵瓜子、核桃、松子、栗子、杏仁、葡萄柚、牛奶、羊奶、乳酪、優酪乳、南瓜子、芝麻、蘋果、紫米、小米、小麥胚芽、啤酒酵母等食物之中。礦物質則多存在於黃豆、黑豆、綠豆、紅豆、豌豆、豇豆、四季豆、花生、胡桃、核桃、葵瓜子、芝麻、橄欖、蘆筍、南瓜、莧菜、菠菜、洋蔥、芹菜、高麗菜、花椰菜、甜菜、菜瓜、馬鈴薯、番薯、番茄、葡萄、蘋果、檸檬、香蕉、小麥胚芽、啤酒酵母、海帶、海藻、紫菜、石花菜、食鹽、沙丁魚、鮭魚、鮪魚、鯉魚、鰻魚、小魚乾、海參、牡蠣、蛤蜊、蝦子等食物中。 [Ref.30, 31, 32, 40, 43, 50]

由於我們所需要的營養分別存在於不同的食物之中，所以攝取食物的種類要愈雜愈好。根據一般人的需要，美國政府提出了一套金字塔式的飲食指南；他們將「全穀根莖類食物」放在金字塔最底層，代表是最基本、最需要攝取的食物。「蔬菜、水果」擺在第二層，代表是需要充分攝取的食物。「肉魚豆蛋奶類食物」放在第三層，表示不宜過量攝取，但也要足夠(一般成年人每天每公斤體重約需一公克的蛋白質，攝取過多，會增加肝、腎、腸胃的負擔)。至於「油脂類及鹽份、糖份」，則被放在金字塔最頂端，代表必須控制攝取，以免過量而引起各種慢性病。這一套金字塔式的飲食指南可以幫助我們均衡地攝取食物。

「營養不良」不是窮人的專利；對一個生活富足的家庭而言，有意或無意的偏食同樣會造成營養不良的結果。有意的偏食指得是挑食的毛病，無意的偏食常來自於營養學知識的不足，對食物的採買、調配不當，而造成整體營養之失衡。譬如：魚、肉、豆、蛋、奶等食物吃得太多，蔬菜、水果吃得太少；或者是蔬菜、水果吃得很多，而米、麵等澱粉質吃得太少，長年如此，就會造成營養不均衡。又譬如：攝取過量的磷或蛋白質，會消耗體內的鈣；攝取過量的鈉，會失去體內的鉀；攝取過量的鋅，會失去體內的銅、鐵；攝取過量的銅，會失去體內的鋅；攝取過量的維他命C，會失去葉酸和維他命B12；攝取過量的膽汁素，會失去維他命B6；攝取過量的甜食，會消耗體內的維他命B群。所以，為了營養均衡，應避免偏食，每天的食物要吃得愈雜愈好。[Ref.31]

最後，我們探討飲水的問題。人體水份約佔體重的三分之二，一個人如果失水過多就會死亡。即使失去百分之十的水份，也會影響血液循環及體溫調節，而產生心跳加快、中暑等症狀。人體中的血液、淋巴液、唾液、淚液、消化液、脊髓液、皮膚、肌肉組織及關節中均含有水份，它是食物消化過程中溶解營養素的溶劑，也是體內養份輸送、廢棄物排除及各種生化反應的媒介。水份能維持體內電解質、滲透壓的平衡，而體溫調節、肌肉組織及關節潤滑更是需要水份的參與。每人每天所需要的水份會因為季節、氣候、環境、工作性質及身體狀況而有所不同，一般以體重六十公斤的人為例，無大量運動時，每天約需從食物、湯汁及飲水中攝取二千至三千西西的水份，夏天流汗或大量運動後可酌情增加。即使是飲水也要講求均衡，過與不及對身體都不好。喝水過多，容易使水溶性維他命C及B群等營養素隨尿液流失，甚至造成體內電解質失衡、水中毒等症狀。喝水過少，不但影響血液循環及體溫調節，也容易造成膀胱炎及腎結石等毛病。[Ref.43]

4. 三餐宜定時定量

「定時」指得是三餐有規律，養成按時用餐的習慣。尤其是早餐，不能夠疏忽。有句話說「早上吃得好，中午吃得飽，晚上吃得少。」早上是一天的開始，需要充足的能量，而早晨也是腸胃消化、吸收能力最強的時段，因此，食物的品質應多加講究，以便充分吸收。一般來說，中餐與晚餐的時間相隔較久，所以，中午可以吃得飽些。至於晚餐，吃得太多怕不好消化，影響睡眠，因此，晚上要吃得少。此外，三餐之間不宜吃太多零嘴，以免影響正餐的食慾及食量。

「定量」指得是飲食要有節制，不要暴飲暴食。即使是特別喜愛的食物，也應如此。通常以吃到七分飽最為理想，留給胃一些空間以便翻攪、消化食物，否則，胃塞得滿滿的，非但飽脹難受，長期下來，也容易削弱胃的功能。

5. 飲食宜細嚼慢嚥

「細嚼慢嚥」指得是食物在口中要加以仔細地咀嚼，然後緩慢嚥下。一來不會嗆著，二來食物容易被消化、吸收。反之，狼吞虎嚥、囫圇吞棗則是不好的飲食習慣。

6. 用餐須講求氣氛

心情緊張、憂慮或憤怒都會影響食慾，並且讓吃進去的食物難以消化；因此，用餐時，應避免談論嚴肅或不愉快的話題。研究發現，在輕鬆、愉快的心境下用餐，消化液分泌旺盛，腸胃蠕動力強，而消化道括約肌鬆弛，食物通過順暢，對於食物的消化、吸收有極大的幫助。

餐桌的擺設、餐具的選擇，以及食物所呈現之色、香、味都能影響用餐者的心情與食慾，因此，不妨多加重視。有些人喜歡一邊看報紙，一邊用餐；如果能避免，就儘量避免，因為，不專心用餐會減少唾液的分泌，也可能降低消化道血量的供應，不利於食物的消化與吸收。

7. 現代人的飲食要三低一高

現代人經濟條件好，勞動量小，飲食經常大魚大肉，不知不覺間形成了許多慢性病；因此，有些醫師建議，現代人的飲食要三低一高。「三低」指得是低油、低鹽、低糖，而「一高」指得是高纖維食品。

經常攝取肥肉、油酥點心等動物脂肪含量高的食品，不僅身體容易肥胖，更容易造成血管中膽固醇堆積及血管硬化，進而演變成腦溢血、腦栓塞、心肌梗塞等重大疾病。低脂肪、多纖維素的食物可以降低罹患乳癌及直腸癌的機率，有助於維護身體健康。有些研究報告指出，深海魚油可以降低血液中三酸甘油脂及膽固醇的含量，減少心血管疾病發生的機會。總而言之，飲食不宜太過油膩。

此外，飲食亦不宜太鹹。經常吃得太鹹，體內鹽份含量增高，相對地，也會保留較多的水份而促使血壓上升，增加高血壓的罹患率。高血壓是常見的疾病，也是引起心血管疾病及死亡的重要原因。長期高血壓容易使心臟肥厚而導致心臟功能不良，對血管而言，高血壓與腦中風、冠狀動脈粥狀硬化、主動脈瘤、主動脈血管剝離及腎血管疾病都有所關聯。由於高血壓會造成全身器官病變，所以，在日常飲食中鹽份的攝取必須要有所節制。

飲食中，另一項值得留意的問題是糖份的攝取。糖份是身體熱量的主要來源，但是，高糖份、高卡路里的食物容易造成身體肥胖，而肥胖是形成許多慢性病的原因之一。因此，為了健康，糖份的攝取也應該有所節制。

對一般正常人而言，可多攝取高纖食品。因為，高纖食品中含有豐富的纖維，可以維持腸道通暢，預防便秘，降低罹患大腸癌的機率。但是，對於容易腹瀉的人來說，則可能引起嚴重的下痢，所以，要斟酌身體狀況來食用。蔬菜、水果、糙米、海藻及全麥等大都含有豐富的食物纖維。

順便談一談高鈣及高蛋白的問題。高鈣及高蛋白食品在未經醫師指導下，不宜胡亂攝取；因為，長期或大量食用，可能對腎臟等器官產生不良的影響，而長期高蛋白飲食還可能造成骨質疏鬆。現代人缺乏運動，加上飲食習慣及精神壓力，使得罹患骨質疏鬆症的人相當普遍。堅實的骨質應該趁年輕時建立，年老時才有足夠的「骨本」。預防骨質疏鬆，可從以下幾點做起：

(1)飲食中鈣、鎂、維他命C、維他命D等營養素之攝取要充足

鈣質含量豐富的食物有：小魚乾、蝦米、黑芝麻、乳酪、起司、脫脂奶粉、髮菜、紫菜、白芝麻、吻仔魚、海藻、海帶、莧菜、黃豆、豆干、豆腐、番薯葉、花椰菜及甘藍菜等深綠色蔬菜、糙米及麥片等五穀雜糧。

維他命C含量豐富的食物有：奇異果、釋迦、龍眼、土芭樂、木瓜、番茄、草莓、白柚、荔枝、柿子、海梨、柳丁、柑橘、棗子、葡萄柚、檸檬、水梨、楊桃、香瓜等。

維他命D含量豐富的食物有：魚肝油、蛋黃、鱸魚、多脂肪的鹹水魚、牛奶、苜蓿、番薯、植物油等。

(2)經常運動

運動可以促進骨骼血流量，活化造骨細胞，使骨質堅實。每週至少須運動三次，可選擇爬樓梯、慢跑、健走、跳繩、舞蹈、打球、騎自行車、舉啞鈴等負重方面的運動。

(3)經常曬太陽

陽光中的紫外線可轉化及活化維他命D，對骨骼的生長是必要的。每週約三次，上午十點以前，或下午四點以後，不太強烈的陽光下，每次曝曬約十至十五分鐘即可。

如果，經過長時間的努力，骨質狀況仍未改善，則建議請教醫師，檢查是否因為疾病、精神壓力、遺傳、荷爾蒙缺乏或長期服藥等因素所造成。

8.酸性及鹼性食物攝取要均衡

食物含在嘴裏，透過味蕾所感覺的酸、澀味道，無法用來判定食物的酸鹼性。譬如：米飯、麵包嚼起來是甜的，卻屬於酸性食物；檸檬、橘子吃起來是酸的，卻屬於鹼性食物。食物的酸、鹼性是根據其中所含的成份來加以區分。含有磷、硫、氯或碳酸成份較多者，稱為酸性食物，如：豬、牛、羊、雞、鴨、魚、蝦、牡蠣等肉類，以及米、麵、花生、乳酪、核桃、腰果、李子、碳酸飲料等。含有鈣、鎂、鉀、鈉成份較多者，稱為鹼性食物，如：胡蘿蔔、南瓜、花椰菜、芹菜、菠菜、空心菜、高麗菜、大白菜、蘿蔔、香菇、蘑菇、蓮藕、茄子、萵苣、洋蔥、海帶、甘藍菜、小黃瓜、蘆筍、甜菜、番茄、番薯、哈蜜瓜、西瓜、鳳梨、柑橘、楊桃、香焦、蘋果、葡萄、櫻桃、葡萄柚、奇異果、金桔、檸檬、草莓、芒果、梨子、柿子、棗子、柚子、枇杷等蔬果，以及紅豆、綠豆、豌豆、四季豆等無油之種子等。飲食習慣偏好大魚大肉等酸性食物，雖然，體內會自動調節，暫時維持著酸鹼平衡，但是，長期下來體質終究會有所改變；非但容易引發疾病，也容易造成骨質疏鬆。多吃蔬菜、水果，避免大魚、大肉，一來可以使人神清氣爽，二來也可以常保身體健康。

9. 常攝取抗氧化劑食物

人體是由細胞一個個累積、架構起來的，因此，細胞可說是生命的基礎。細胞膜上的磷脂質，維繫著細胞膜正常的通透性，藉由細胞膜之篩選、隔離作用，使得營養素或代謝物進出細胞有所控制。可是細胞膜上的磷脂質，容易受到自由基的攻擊，造成細胞膜通透性異常，或使細胞膜受損，導致細胞壞死，甚至破壞DNA而引發癌症。

根據醫學研究，人類的許多疾病都與自由基有關。自由基的產生與抽菸、酗酒、熬夜、過勞、激烈運動、電磁輻射、放射線、紫外線、化學或重金屬毒性、煙灰污染的空氣、油炸或燒烤食物之攝取、人體對外來病菌所採取之免疫反應、人體新陳代謝、負面情緒及精神壓力等有關。根據統計，我們身體細胞每天被自由基攻擊至少七萬次以上；雖然，人體能合成超氧化物歧化酶(SOD)、過氧化氫酶(CAT)、麩胱甘肽(GSH)等抗氧化酵素來清除自由基，但是，自由基數量如果過於龐大，難免會引爆危機。醫學研究發現，對抗自由基的抗氧化物質(或稱抗氧化劑)，如：茄紅素、β---胡蘿蔔素、類黃酮素、花青素、兒茶素、維他命A、維他命C、維他命E、硒等，其實就存在於我們的食物之中。含有抗氧化劑的食物有：紅蘿蔔、番茄、黃豆、高麗菜、菠菜、綠色花椰菜、洋蔥、芹菜、香菇、南瓜、絲瓜、紅番薯、蘆筍、大蒜、紅辣椒、黃瓜、葡萄(特別是葡萄皮及葡萄籽)、連皮的蘋果、柑橘、柳丁、奇異果、草莓、柚子、紅葡萄柚、櫻桃、芒果、火龍果、檸檬、杏、老蔘、靈芝、小麥草、苜蓿芽、綠茶、芝麻、葵花籽、堅果等。每天補充適量、多元的抗氧化食物，非但可以提供人體所需要的營養，還可以輔助清除體內之自由基，防止其對人體造成傷害，而達到抗老、防癌的功效。

10.常攝取有利腸道健康的食物

人體腸道內有如一座大千世界，其中充滿為數約一百兆個以上的細菌，即使在我們熟睡時，腸內細菌仍進行著殘酷的生存競爭，而戰爭的成敗直接影響著我們。如果韋氏桿菌、綠膿菌、葡萄球菌、赤痢菌等大量繁殖，則腸內進行大規模的腐敗作用，所產生的氨、硫化氫、吲哚、苯酚胺、糞臭素、組胺、乃至二次膽汁酸等有害物質，輕則讓人頭暈、噁心、疲倦、腹瀉、糞便惡臭、免疫力下降或身體某些部位產生過敏，重則引起中毒、誘發大腸癌等疾病。雖然，肝臟具有解毒之功能，但是，毒素一旦過多，勢必對身體造成負擔，也會加速人體的老化。相對的，如果比菲德氏菌、嗜酸乳桿菌、乾酪乳桿菌、保加利亞菌等大量繁殖，則會在腸內進行大規模的發酵作用，所產生的乳酸、醋酸等有機酸，不但能抑制害菌生長，阻止毒素與致癌物產生，提昇免疫力，且能刺激腸道蠕動，增進腸道消化、吸收功能，預防便秘，還能促進維他命B1、B2、B6、B12、維他命K及葉酸等營養素合成，對人體健康有極大的幫助。那麼如何培養腸內益菌，抑制害菌大量繁殖，以維護腸道健康呢？以下事項可作為參考：[Ref.33, 34]

(1)經常攝取發酵食品

經常攝取優酪乳、泡菜、發酵酒、甜酒釀、啤酒酵母等發酵食品，以增加腸內益菌。除了強力菌種之外，大多數益菌在進入胃腸後，會被胃酸及膽汁殺害，以致無法活著抵達大腸；因此，優酪乳不宜在空腹時食用，以在飯後二小時，胃酸濃度下降時食用為宜。由於益菌在腸道內停留之時日不長，所以需要經常補充。

(2)多蔬果，少肉食

肉類等蛋白質攝取過多，則容易在腸內造成腐敗。經常攝食番薯、芋頭、馬鈴薯、紅蘿蔔、蓮藕、牛蒡、洋菜、香菇、四季豆、紅豆、大豆、海帶、海藻、昆布、菠菜、蘿蔔乾、檸檬、柑橘、蘋果、柿餅、奇異果、芒果、葡萄乾、杏乾、藍莓、柳橙、香蕉等食物纖維含量豐富的根莖類食物及蔬果，除了促進腸道蠕動，吸收水份，增加糞便量，預防便秘外；食物纖維也會吸收膽汁酸及鈉，稀釋或吸收有害物質，並在腸內製造對益菌有利的優勢環境；而檸檬、柑橘、蘋果中之檸檬酸、蘋果酸除了刺激腸道蠕動外，亦可抑制害菌生長。

(3)適量補充寡糖

寡糖不容易為人體所吸收，最後會抵達大腸，而許多害菌亦無法加以吸收利用，因此，成為比菲德氏菌的營養來源。所以，攝食寡糖有助於營造益菌成長的有利環境。番薯、洋蔥、牛蒡、大豆、玉米、大蒜、味噌、蜂蜜、香蕉、甜菜、洋菜中均含有寡糖。

(4)補充水份，防止便秘

便秘使得糞便在結腸及直腸內堆積，從而導致害菌的大量繁殖。為了避免這種情況發生，最簡單的方法就是培養每天早晨起床喝一杯溫開水的習慣。因為，空腹時水份能直接進入腸道，軟化食物殘渣，刺激腸胃蠕動；配合每天多吃蔬果，多喝開水，放鬆心情，經常運動，對大多數人而言，能達到消除便秘的效果。

(5)經常運動，強化腸胃功能

經常運動可以強化腸胃功能，防止便秘，有利於腸道健康。

(6)排解壓力，減少害菌

研究發現，在緊張、焦慮等情緒壓力下，腸內害菌經常會有增加的趨勢。因此，日常生活中應學習放鬆身心、排解壓力，以抑制腸內害菌滋生。

11. 重視酵素的攝取

生命及活力之維持有賴人體內不斷進行的各種生化反應，其中包括：將食物予以消化分解、將吸收之能量予以儲存及轉化、將受損之組織予以修復、將體內毒素予以分解及排除等。理論上，某些化學反應，譬如糖份與氧氣之反應（產生二氧化碳及水並釋放出能量），必須在高溫下才能啟動，以人體溫度而言，幾乎是不可能發生的。但是，由於酵素的催化，使得許多生化反應得以在體溫下進行，也因此維繫了人類生命的存在。 [Ref.37]

就以上觀點而言，酵素可說是十分神奇的物質；然而，什麼是酵素？酵素乃各種酶之通稱。它是動物、植物或微生物細胞內所合成的各種蛋白物質。目前已知的酵素有數千種，包括：胃蛋白酶、胰蛋白酶、胰澱粉酶、胰脂肪酶、麥芽糖酶、異麥芽糖酶、蔗糖酶、乳糖酶、腸脂肪酶、多種胜肽分解酶、核糖核酸酶、半乳糖轉化酶、尿素酶、乳酸脫氫酶、麩胺酸脫氫酶、精胺酸酶、色胺酸合成酶、丙酮酸脫氫酶、丙胺酸轉胺酶、肌酸激酶、膽鹼酯酶、烯醇酶、溶菌酶、超氧化物歧化酶、過氧化氫酶及一般所謂之木瓜酵素、鳳梨酵素、奇異果酵素、無花果酵素等。依其功能則可區分為：消化酵素、代謝酵素、抗氧化酵素等。酵素參與人體內各種各樣的生化活動，而每一種酵素各司其職，通常，只催化某一類型之化學反應，譬如：協助血小板之止血作用、促進澱粉質的分解、促進蛋白質的分解、協助肝糖之合成、協助肌肉能量之釋放、協助體內自由基之清除等。由於酵素能提升體內生化反應的效率，因此，相對地也能增進人體各項生理功能，使人變得健康而有活力。[Ref.35]

然而，許多酵素若缺乏某些輔助因子時，會失去催化作用的能力。這些輔助因子包括：硫胺素(Thiamine)、核黃素(Riboflavin)、菸鹼酸(Nicotinic Acid)、鈷胺素(Cobalamin)、生物素(Biotin)、葉酸(Folic Acid)、抗壞血酸(Ascorbic Acid)等維他命及鈣(Calcium)、鎂(Magnesium)、鉀(Potassium)、鈉(Sodium)等礦物質。這些輔助因子能協助減弱受質之鍵結，以使其與酵素發生反應。

雖然，人體能自行合成酵素以供應所需，但是，並不是每一個人每天都可以製造出足夠的酵素。細胞中酵素之合成及含量受到遺傳之控制，隨著年齡的增長，情緒壓力的增大，或營養不均衡都可能使得酵素的製造量減少。如果消化酵素不足，則腸胃的消化、吸收功能便會減弱。代謝酵素不足，則可能感覺疲勞且精神不容易恢復，或者造成身體肥胖，甚至可能引起高尿酸、高脂血、糖尿等慢性病。至於遺傳造成的葡萄糖-六-磷酸鹽脫氫酶分泌不足，在吃進蠶豆或某些藥物時則容易產生溶血危機的蠶豆症。酵素既然如此重要，我們應該如何來補充酵素呢？ [Ref.30, 35, 36]

(1)攝取生鮮食品

活的生物體內多半含有酵素。但是，食物經過攝氏四十度以上高溫烹煮，活性容易遭到破壞，因此，攝取生鮮食物比較可以補充到具有生命力的酵素。但是，有些食物由於辛澀、有毒性、難以消化或易遭病菌、寄生蟲污染，故不宜生食。可考慮攝取的生鮮食品有：木瓜、鳳梨、奇異果、香蕉、酪梨、芒果、蜂蜜、苜蓿芽、高麗菜、捲生菜、紫萵苣、小麥芽、生魚片等。由於其富含酵素，故可幫助消化，促進新陳代謝並逐步改善體質。

即使是生食，食物如果放置太久而失去新鮮度，酵素的功效也要大打折扣；因為，無論動物、植物或微生物死亡後，其細胞將自我分解，使酵素逐漸變質。如果食物必須放置，一般的原則為冷藏(攝氏零度至四度)以防止酵素活性流失；但不宜冷凍，因為經過冷凍及解凍後，組織細胞膜破裂會加速酵素之變質。同理，果汁打好後亦不宜放置太久，宜儘速飲用。

生機飲食固然符合酵素攝取之原則，但生食必須注意食物本身之安全及污染問題。有些食物不宜生食，譬如綠竹筍必須經過烹煮才能成為無毒的食物。因此，必須認識哪些蔬菜可以生食？哪些蔬菜不宜生食？此外，必須注意寄生蟲卵等污染的問題。一般人會認為，不施用農藥及除草劑的有機蔬菜比較清潔，生吃無害，卻忽略了有機栽培可能利用堆肥，而堆肥中常含有寄生蟲或蟲卵，如果沒有清洗乾淨，就容易感染寄生蟲。此外，芽菜的種子如果被大腸桿菌等細菌污染，培養出來的芽菜也可能危害人體健康。嬰兒不宜食用蜂蜜，因其免疫力及胃酸殺菌力尚嫌不足，而蜂蜜在採集及製作過程中容易受到細菌污染，特別是肉毒桿菌等，有可能帶來致命的危害。

(2)適度補充維他命及礦物質

維他命是有機化合物，又稱輔酶，它們能協助酵素促進人體之生化反應，在沒有酵素的狀況下，它們也可以充當催化劑。礦物質則經常扮演活化細胞內及細胞外酵素的角色。由於現代耕地使用過於頻繁，土壤中微量元素缺乏，使得產出之食物營養成份降低；況且，平日飲食除非特別注意，否則容易營養失衡，因此，適度地補充維他命及礦物質實有其必要。值得注意的是，大部份的輔酶容易水解，遇熱、遇光則容易變質，所以，維他命宜放置在乾燥、低溫、防光的環境中；而維他命、礦物質宜搭配在飯後食用，腸胃吸收率較佳。

(3) 改善生活型態

人體自身即能製造酵素，但先決條件要各種營養素不缺乏且內臟及細胞機能良好。為了滿足上述條件，所以，平日飲食須注重營養均衡，作息須正常規律，睡眠要充足，經常運動並保持愉快的心境。換言之，必須保持良好的生活型態，身體健康了就能正常製造出活化的酵素。如果有基因遺傳方面的問題，則須請教醫師以尋求改善。

(二) 適當的運動

適當的運動可以鍛鍊肌肉、筋骨，使人身體強健。運動也可以加速血液循環，促進新陳代謝；強化心、肺、血管功能；擴張血管，促使微血管再生；增進腸胃蠕動，幫助食物消化與排泄；促進淋巴液循環；活化免疫細胞，提昇免疫力；消耗體內脂肪，減肥塑身；紓解心理壓力，化解精神疲勞；增進腦力，使人頭腦清晰，思路敏捷；增加骨質密度，減少骨質流失；延緩老態，使人顯得年輕且有活力。近年來，隨著運動醫學的發展，運動的好處進一步地被發覺。研究發現，經常運動可以降低血液中三酸甘油脂濃度，而增加高密度酯蛋白的含量，因此，具有預防動脈硬化及冠狀動脈心臟病的效果。此外，運動使血液快速流動並沖刷血管內壁，使血管保持彈性，因此，具有改善血壓的效果。研究更發現，運動會促進人體腦內啡的分泌，使人變得愉快、自信而有活力，因此，能降低緊張、憂慮，有助於改善人際關係。[Ref.43, 44]

運動既然有這麼多的好處，我們應該選擇哪一種運動來促進身體健康呢？針對養生而言，肌肉與肌力的鍛鍊不代表長壽，速度與爆發力的鍛鍊也不等同於健康；健康長壽的人可能長得仙風道骨，也可能身手不是十分矯健，但是，他們的心、肺、血管乃至肝、腎、脾、胃等內臟功能卻十分正常。如果說，養生運動的重點在活絡筋骨，強化內臟，增加氣血循環，則瑜珈、氣功、太極拳等運動或許對健康能提供較大的幫助。在和煦的陽光、新鮮的空氣、含有植物芬多精或負離子的環境中鍛鍊，想必會有更好的效果。此外，在配合腹式呼吸的條件下，進行體操、舞蹈、快步走等運動，也是很好的選擇。總而言之，經常做運動，將身體俯仰、旋轉、壓縮、伸展、拍打、跳躍，使心跳加速、呼吸加深、全身發熱流汗，並且持續數十分鐘，長久下來，必然可以達到養生保健、延年益壽的效果。過於激烈、勞累的運動實屬沒有必要，而且會產生反效果。有些醫師建議：每週運動至少三次，每次至少三十分鐘，運動時每分鐘心跳數達一百三十次。當然，這是針對一般正常人而言；每個人應檢視自己的年齡、體質及身體狀況而有所調整，特別是患有心血管或糖尿等慢性病的病人更要謹慎，運動前應請教醫師。

為了避免運動造成傷害，應注意以下事項：[Ref.43, 44]

1. 飯後一至二小時之內不宜做激烈運動，否則會妨害腸胃的消化、吸收，甚至引起嘔吐、腹痛等症狀。
2. 運動前要做暖身運動。因為，暖身運動會加速血液循環，使肌肉、肌腱、韌帶等組織轉趨柔軟，而減少肌肉抽筋、關節脫臼、筋骨扭傷的機會。
3. 運動完不要立刻停下來，應該做五到十分鐘的整理運動。如此，可使身體逐漸緩和，不但容易消除疲勞，也可以避免血壓突然下降，引發心肌缺血。

4. 早晨起床後血液黏稠度較高，最好先喝一杯溫開水，且不宜做激烈的運動；一來可以避免心肌梗塞、腦中風、心臟停搏等問題的發生，二來可以刺激腸胃蠕動，增強消化功能，預防便秘。

5. 運動流汗過多，電解質大量流失，容易造成肌肉抽筋或心律失調，應適時補充鹽份或運動飲料。運動量不大時，則不宜經常喝運動飲料，以免增加腎臟負擔。

6. 老年人運動時要特別小心，避免跌倒、摔傷。運動時，若感覺膝關節或踝關節疼痛，則須請教醫師，並適量補充軟、硬骨之營養素。

(三)優質的睡眠

我們白天工作，晚上則需要好好地休息，就好像可充電池需要充電一樣。經過一夜的睡眠，疲勞消除了，整個人變得神清氣爽，才有足夠的體力迎接嶄新一天的挑戰。根據研究，在睡眠過程中大部份時間呼吸會變淺、變慢，心跳數減少，血壓下降，全身肌肉放鬆，感官遲鈍，基礎代謝率降低；因此，心、肺、腦等器官能在繁忙的生活中獲得一絲喘息。此外，人體組織生長、細胞修補、營養物質合成、毒素代謝等工作更會在睡眠中展開；因此，睡眠是維持人體生命及活力所必要的過程。研究顯示，人在睡眠中會大量分泌生長激素及褪黑激素。前者能促進生長，對於孩童及青少年的發育有重大影響；後者有助於深眠，能增強免疫力。更有學者認為，褪黑激素能延緩細胞老化，甚至具有抗癌的效果。人如果睡眠不足，最普遍的現象就是頭腦昏沉、注意力不容易集中、體能無法恢復；此外，還可能伴隨著情緒低落、記憶力衰退、眼神無力、氣色晦暗、眼白混濁不清、身體復原力降低、整體免疫力下降、皮膚容易出現皺紋、細胞容易老化、出現黑眼圈、發育減緩等。由此可見，睡眠是多麼重要。難怪有人認為，苛扣睡眠是不智之舉，充足的睡眠是健康長壽的必要條件。

人類的「醒眠節奏」是後天養成的。新生兒沒有日出而醒，日入而睡的習慣；嬰兒為了吃奶，一般的醒眠週期大約是三至四小時，隨著年歲增長，醒眠週期逐漸加長，最後，被父母或環境定型為群體社會的作息時間。由此可知，人的「醒眠節奏」是可以改變的；換言之，「早睡早起」或「晚睡晚起」是後天養成的習慣，必要時，是能夠加以改變的。醒眠節奏與人體生理時鐘有關；如果我們養成按時就寢，定時起床的習慣，身體就會調整，形成固定的醒眠節奏，那麼，我們每天該睡的時候自然就想入睡，該醒的時候自然就會清醒。如果生活作息紊亂，生理時鐘的調控將無所適從，如此，很容易造成失眠或睡眠品質下降，甚至使得生理狀況失序。

每個人所需要的睡眠時間並不相同，有人睡八、九小時還嫌不夠，有人睡四、五小時就已滿足，這可能與體質、年齡、精神狀況、職業、環境等因素有關。以一般成年人而言，每天大約需要七至八小時的睡眠，嬰兒與老人需要酌量增加。早晨醒來感覺頭腦清醒、心情舒暢、精力充沛，以此為標準可定出自己所需要的睡眠時間。經常睡眠不足對身體固然不好，睡眠時間太長對身體也未必有利。根據一項科學研究顯示，每天睡眠超過八小時以上的人，平均壽命較睡眠六至七小時的人為短。這或許是久臥造成氣血遲滯所帶來的害處，也可能反映出身體有潛在的問題，因而使得體能不容易恢復。

優質的睡眠具有以下特徵：(1)上床十分鐘內即能入睡。(2)睡眠深沉，不容易驚醒。(3)很少做夢。(4)起床後心情舒暢，精力充沛。如欲獲得優質的睡眠，可參考實踐以下事項： [Ref.45]

1. 適度運動，使人容易進入夢鄉

適度的運動可以紓解壓力，讓精神放鬆，而肉體上的疲勞感，更具有催眠作用，使人容易進入夢鄉。所謂適度的運動，指運動強度達到出汗並持續一小段時間，感覺有一點累卻不會太累為原則。運動太過激烈，身體感覺勞累不舒服，反而會影響睡眠。

2. 睡前三至四小時內勿大量進食

胃部飽脹或饑餓難耐均不易有一夜好眠，為了提高睡眠品質，睡前三至四小時內勿大量進食；換言之，晚餐不應拖過七、八點鐘，更不宜有宵夜的習慣。睡前如果感覺饑餓，可攝取少量流質或容易消化的食物，譬如：牛奶、蜂蜜水、蔬菜湯等。

3. 晚間十一點以前就寢

中醫認為，子時、丑時氣血流注膽經、肝經，是人體解毒及排毒的暢旺時段，所以主張晚間十一點以前即應入眠。生活經驗告訴我們，在感覺疲勞之前就上床休息，體力較容易恢復，因此，早睡在時間上比較符合經濟效益。此外，配合大自然作息規律及褪黑激素夜晚分泌，清晨減少的特性，最好在晚間十一點以前即行就寢。

4. 安靜、舒適的睡眠環境

臥室空氣要流通，但須注意避免風寒。溫、濕度要控制得宜，避免噪音及強烈的光線，最好熄燈或開小燈睡覺，既省錢又可促進褪黑激素的分泌。如果為了牽就他人而必須開燈，則可運用眼罩。

5. 合適的寢具

枕頭及床的軟硬度要適中，以維持身體正常之生理彎曲，肌肉不容易產生疲勞為原則。枕頭高度也要適中，一般以五到八公分為宜。太高會妨礙頭部的血液循環，容易造成腦缺血、打鼾和落枕。太低容易造成頭部充血及顏面浮腫。身上所蓋的被子宜輕巧、保暖，沈重的被子使血液循環不順暢，有誘發腦血管障礙和心臟病的危險。

6. 心放空、身放鬆

帶著煩惱、氣憤或割捨不下的心情上床，將難以入眠。如果睡前十分鐘能夠練習全身放鬆、心念放空、呼吸吐納、氣沉丹田，非但有助於儘快入眠，也可以改善精神衰弱、自律神經失調的毛病，進而提昇睡眠品質。

7. 睡姿以右側臥為主

對一般人而言，心臟位於胸腔左側，胃的出口及肝臟都在右側。右側臥可以避免心臟受壓，維持全身血液正常供應；而且，右側臥時，脊椎如弓一般呈現自然彎曲，四肢得以舒展，肌肉可以放鬆，呼吸道不易阻塞。因此，右側臥是符合人體生理結構的睡姿。除非是身體右側有創傷或病痛才應考慮其他睡姿，否則應以右側臥為主，仰臥及左側臥為輔。此外，雙手壓在胸口上、雙腳或膝蓋受涼都容易作夢，應儘量避免。

8. 晚上應減少咖啡、濃茶、香菸等刺激物的攝取

咖啡、濃茶含有咖啡因，香菸含有尼古丁，對人體中樞神經有刺激作用，使人不易入睡，所以傍晚後不宜大量攝取。

9. 喝蜂蜜牛奶，有助於睡眠

根據研究，牛奶中含有L－－色胺酸及鈣質，有促進睡眠的功效。蜂蜜可保持血糖平衡，避免饑餓早醒，有助於整夜安眠。

10. 減少起床次數，增加深眠時間

深沉的睡眠是睡眠品質的關鍵。夜間起床次數太多，無形中會減少深眠時間，降

低睡眠品質；因此，臨睡前應先排尿，晚間不宜喝太多的水，以免夜間起來上廁所。此外，如有攝護腺肥大、頻尿等毛病，為了保有優質的睡眠，應儘速尋求醫治。

11. 冬天熱水泡腳，有助於入眠

冬天，手腳冰冷的人在睡前以熱水泡腳，會使身體暖和起來，常可獲得一夜好眠。泡腳水的溫度以攝氏四十到五十度為佳，水量略高於腳踝，浸泡約五至十分鐘。心血管疾病患者，事前應請教醫師。

12. 打鼾嚴重者，宜加以治療

打鼾通常是因為上呼吸道不通暢所致，嚴重者在睡眠中經常會被憋醒，因此，睡眠品質不高。有部份打鼾的人在睡眠中會有呼吸暫停的現象，嚴重的甚至會在睡眠中死亡，因此，不能掉以輕心，宜儘速治療。

最後，探討午睡的問題。有些人有午休的習慣，也有些人覺得沒有必要。根據希臘雅典大學及美國哈佛大學聯合進行長達六年的一項調查顯示，下午小睡三十分鐘的人罹患心臟病的機率，比不午休的人降低了百分之三十七。對於競爭激烈、工作辛勞的男性而言，效果更是顯著。因此，如果條件允許，下午不妨小睡片刻。

(四)輕鬆的心境

人的生理狀況會影響心理。譬如，生病時身體感覺不舒服，心情就難免不好；而女性在更年期內分泌發生變化，也容易產生煩躁、易怒的現象。相對地，人的心理狀況也會影響生理。譬如，遇到危難時，心情緊張、害怕，則很容易產生心跳加速、血壓升高、呼吸短促、血糖濃度增加、身體冒汗、腸胃蠕動變慢等生理現象。人在危急狀況下所採取的「應急反應」，乃是基於自我防衛的需要，當然無可厚非；然而，平日如果經常處在緊張、恐懼等情緒之中，對於我們的健康終究會產生不利的影響。

以消化系統為例，長期處在緊張壓力的狀態下會造成胃酸與胃黏液分泌失衡，使得胃壁受到胃酸侵蝕而形成潰瘍。雖然，胃潰瘍形成的原因可能與幽門螺旋桿菌感染，或烈酒、濃茶、辣椒、藥物等刺激性食品攝取有關，不可否認的，在競爭激烈的社會環境中，情緒、壓力也是造成胃潰瘍的主要原因之一。情緒對消化系統的影響不僅局限於此，有些人心情過於緊張，會發生胃痛、胃痙攣的現象。緊張與壓力也能使大、小腸的收縮蠕動發生改變，而導致消化不良、腹瀉或者便祕。通常，人在沮喪、焦慮不安的情緒下，味蕾的感覺會變得遲鈍，唾液、消化液分泌相對減少，胃口不佳，食慾降低，久而久之，人會變得消瘦。但是，也有些人卻因為情緒焦躁不安而不斷地吃、喝，使得身體開始發胖。因此，我們發現，情緒影響著口腔、胃、小腸及大腸，換言之，情緒幾乎影響整個消化道的功能。除此之外，情緒對心血管疾病也有重大影響。我們知道，高血壓形成的原因除了腎臟病因素外，一般認為和遺傳以及高鹽、高脂等飲食有關；而氣溫的變化，飲酒以及激烈的情緒也能讓血壓突然升高。高血壓患者由於盛怒而使得血壓飆高造成腦溢血的狀況，偶有所聞；而同樣高亢的情緒也曾引發心臟病患者心律不整，造成突發性心臟病死亡。因此，情緒的控制對於心血管疾病患者而言是一項重要的課題。情緒對於人體免疫系統也會產生影響。醫學研究發現，長期緊張、憂慮或者悲傷會使得人體免疫功能下降。曾經對喪親者及喪偶者進行研究，發現大多數人的淋巴細胞分裂反應減緩，顯示出在免疫力上不如常人。情緒與免疫方面的研究，還涉及到腫瘤與自體免疫疾病的問題。研究發現，處在緊張的環境中一段時日後，婦女類風濕性關節炎的發病率明顯增加，而哮喘病患在焦慮或憤怒的情緒下，哮喘會反覆發作。研究顯示，癌症患者發病前大多經歷過一段焦慮、憂鬱、壓抑、失落或恐懼等深層的心理挫折，而許多病患在得知罹癌後，心情大受影響，病情急轉直下，這些或許與人體免疫細胞數量的減少或活動力的減弱有關。情緒同樣影響著夫妻間的房事問題。男子情緒如果過於亢奮，則容易發生早洩。女子內心如果感覺骯髒，則容易產生性冷感。夫妻雙方如果感情失和，彼此嫌惡對方，那麼對於床第之事自然興趣缺缺。此外，男子在性能力方面感覺自卑，臨場時緊張又心懷壓力，就更容易造成陽萎。情緒除了對我們的消化、心血管、免疫及生殖系統有影響外，情緒也能導致殺人、自殺及各種意外事件的發生。莎士比亞戲劇中描述了許多因憤恨難消、妒火中燒等激烈情緒，而下手殺人的故事。影視紅星于某與男友吵架後上吊自殺，更說明了情緒對人的影響不容忽視。現今社會存在許多憂鬱症的患者，而心理學家指出，嚴重的憂鬱症患者具有極高程度的自殺傾向。情緒如果波動太大，則容易造成心神不寧、注意力分散，許多意外事故就是在這種情況下發生的。樂極生悲就是典型的例子；由於太過興奮而開快車，結果發生交通事故；或者因為太過高興，匆忙間從樓梯上跌下，摔斷了腿骨。從古至今，類似的事件總是層出不窮。以上僅就情緒對人的影響列舉數端，提供參考。

為什麼心理狀態對於生理，會產生如此大的影響呢？從生理學的角度觀察，可能與自律神經系統有關。「自律神經系統」顧名思義「具有自律性」，它不必由大腦高層中樞下達指令，可直接由器官的自主性反射來調整身體各部之機能。譬如：口含酸梅，口腔內自然就會分泌唾液；大量糞便進入直腸，自然就會引起便意；氣溫過高，自然就會冒汗；食物進入消化道，自然就會分泌消化液；男子觀看色情片，自然就會陰莖勃起。雖然，自律神經具有自動調節的功能，但是，部份大腦皮質，特別是邊緣系統，也可以將神經衝動傳遞至低層之腦中樞，而改變自律神經系統之作用。因此，情緒和壓力可以干擾自律神經，而導致自律神經失調，進而引發各種症狀或疾病。

自律神經系統由交感神經與副交感神經所構成。刺激對應之交感神經能使腎上腺髓質分泌增加、心跳加速、血壓升高、支氣管舒張、呼吸加快、瞳孔放大、肝臟釋放葡萄糖、血糖濃度增加、肌肉血管擴張、出汗量增加、腸胃蠕動變慢、腸胃血管收縮、唾液及消化液分泌減少、腸道括約肌收縮、尿量減少、膀胱迫尿肌鬆弛、凝血速率增加、基礎代謝率增加、或陰莖射精等生理反應。刺激對應之副交感神經能使心跳減慢、支氣管收縮、呼吸和緩、瞳孔收縮、腸胃蠕動增加、腸道括約肌鬆弛、唾液及消化液分泌增加、肝臟合成肝糖(少量)、膀胱逼尿肌收縮、或陰莖勃起等反應。由此我們可以發現，交感神經及副交感神經彼此拮抗，共同控制人體之呼吸、心跳、血壓、腸胃蠕動、消化液分泌、排尿、排便、排汗、體溫、瞳孔放縮、肝糖釋放、陰莖勃起、射精等功能；換言之，心、肺、血管、腸、胃、肝、腎、膀胱、生殖等內臟器官之機能均受到自律神經之調節控制。[Ref.48]

現代人生活緊張，工作壓力大，很容易產生自律神經失調方面的毛病。臨床上常見的症狀包括：全身倦怠、缺乏食慾、頭暈、頭痛、眼睛疲勞、乾澀、流淚、視線模糊、耳鳴、口乾、味覺異常、喉嚨發癢、長期咳嗽、手腳發麻、冰冷、肌肉抽痛、肩頸僵硬、下背酸痛、呼吸困難、心悸、胸悶、臉紅燥熱、血壓升高、噁心、嘔吐、胃痙攣、腹脹疼痛、消化不良、便秘、腹瀉、頻尿、排尿不易、性功能障礙、盜汗、皮膚乾燥、全身發癢、發燙、入睡困難、淺眠或多夢、身心恐慌、焦慮不安、憂鬱、注意力不集中、記憶力減退等。這些症狀在不同程度上困擾著患者，然而，這或許只是生理上的初期警訊。由於情緒、壓力會影響內分泌及自律神經，而心、肺、血管、腸、胃、肝、腎、膀胱、生殖等器官之功能又受到自律神經之調控；因此，理論上不同的情緒與壓力可造成心、肺、腸、胃、肝、腎等相關臟腑之功能失常，進而影響全身健康，只要負面情緒及壓力強烈且持續地存在。

何謂負面情緒？聖經上說：「喜樂的心乃是良藥，憂傷的靈使骨枯乾。」由此可見，喜樂是正面、有利的情緒，而憂傷是負面、有害的情緒。其實，情緒是一種內心波動的狀態，主要是因為人體受到內在生理或外在環境的刺激所產生。適度的緊張、焦慮具有警惕作用，能使人精神專注、小心謹慎，也可以提醒人要未雨綢繆，防患未然，對人生有正面的作用。適度的憤怒、悲傷、哭泣能夠紓解壓力，有助於身心的內在平衡。然而，過度且長時間的緊張、焦慮、憤怒、悲傷對身體就會產生不良的影響。就養生而言，由於煩躁、不安、緊張、焦慮、沮喪、悲傷、抑鬱、恐懼、憤怒、仇恨、絕望等情緒容易干擾組織器官功能，對身體產生不利影響，尤其是情緒激烈或時間拉長時，影響更甚，因此，通常被歸類為負面情緒；而平和、安穩、輕鬆、舒坦、歡喜、愉悅、暢快、慈愛、希望等情緒有利於健康之促進，因此，常被歸類為正面情緒。

日常生活中應該如何排除負面情緒，而保持正面情緒呢？以下建議，可作為參考。

1. 學習正面思考

以愛人送的一件小禮物為例，你可以認為，這是他對你愛意的表現，而感覺甜蜜、歡欣；你也可以認為，他對你的愛怎麼只值這一點錢，而感覺不屑與失望。同樣一件事，只因為解讀及認知不同，就會產生不同的感覺與情緒。平日生活中，對於周遭的人、事、物如果能經常抱持著光明的、正面的思考，則心中比較容易擁有平和、安穩或輕鬆、愉快等正面的情緒。

2. 修養善良心性

情緒的產生及強度會因人而異。通常，心性修養好、生活智慧高的人比較不容易發怒；即使發怒，強度也多半控制在合情、合理的範圍之內。因為，他們在遇到問題時比較明理，且多具有寬容及體諒對方的心。不良的情緒反應往往是直接的、衝動的、缺乏理智的。雖然，幼年及青春期所養成的情緒習慣會嵌入個人腦部的神經網絡中，一再強化而不容易改變；但是，只要有心並加以適當的訓練，不良的情緒反應模式是可以改善的。運用立體思考，累積生活智慧，逐步培養慈悲、寬容、體諒、感恩的心，改善急躁、固執、貪婪、仇恨的習性，降低得失心，放慢生活步調，身心就容易放鬆，而緊張、焦慮、憤怒、恐懼等負面情緒及壓力相對就會減少。

3. 凡事未雨綢繆

公司裁員、中年失業、參加考試、上台演講等都可能讓人心情緊張，產生極大的精神壓力。如果能夠儘早規劃，多作準備，有助於使自己以平穩的心來面對各種挑戰。

4. 尋求宗教解脫

宗教是許多人心靈的寄託與依靠。某些宗教教導信徒以絕對的信心仰賴上主，放下一切重擔，而得到內心的平安、喜樂。某些宗教則教導信徒不斷地學習精進，以無上智慧來解脫一切煩惱。根據觀察，許多人經由宗教而得到心靈的慰藉。宗教幫助他們排除了長期的悲傷、絕望或仇恨等負面情緒，轉而懷有平和、安穩甚至喜樂、希望、慈悲等正面情緒。因此，宗教的力量不容忽視。

5. 運用行為轉移

「運用行為轉移」有些類似心理學中的行為療法。研究發現，運動能降低緊張、焦慮、憂鬱、悲傷。其中有節奏的、規律的、非競賽性的運動，如：健行、慢跑、游泳、騎腳踏車、有氧舞蹈、瑜珈、太極拳等效果特別顯著。由於運動能使人分散對緊張、焦慮等事物的關注，而達到放鬆身心的作用；而且，運動能促進人體腦內啡的分泌，使人感覺舒適、愉悅，因此，具有紓解壓力、緩和情緒的效果。但是，這種效果是短暫的，因此需要經常運動。此外，可實施靜坐或禪定，藉中身體放鬆、思慮放空，使情緒平靜而達到身心自我調適的狀態。煩惱與苦悶亦可經由從事發明或藝術創作來轉移，米開朗基羅、貝多芬等天才都是透過創作來紓解心中苦悶的情緒。至於憤恨、抑鬱的情緒有時亦可經由發洩來釋放；有人踢打沙包，有人狂歌大笑，有人把討厭的對象製成標靶來射擊，有人在電動玩具中尋求發洩，據說清朝有位大臣是以私下摔茶杯來平撫自己的情緒。雖然如此，情緒的發洩仍應有所節制，個人認為應該在不傷人、不傷己、不傷財、不傷害無辜生命的條件下偶而為之。

6. 藉助食品或藥物

有時候，人的情緒低潮是由於生理狀況所造成的。根據研究，人腦中會分泌一種名為「血清素」的物質，它與情緒有關。當血清素活性或分泌量不足時，就容易產生焦躁、憂鬱的現象。研究發現，巧克力糖能使人產生幸福、愉快的感覺，這或許與腦內血清素分泌量增加有關。此外，全麥麵包、低脂牛奶、南瓜、菠菜、櫻桃、香蕉、葡萄柚等可能是有助於血清素分泌的食品。其實，每天的飲食要注意營養均衡，對於維他命B群、維他命C及葉酸的攝取不要缺乏，保持正常作息，經常運動，身體健康了，抗壓性就會增強，也容易擁有好的情緒。除了食物之外，醫師所開立的抗憂鬱藥物對於憂鬱情緒的控制也有一定程度的幫助。雖然，吸食鴉片或古柯鹼等毒品也可以使人產生興奮、愉悅的感覺，但是容易上癮，並且對身體有不良副作用，更重要的是吸食毒品既犯法，又耗財，且傷身，因此千萬不可嘗試。

(五)良好的環境

根據聯合國的一項統計資料顯示，大約百分之九十的癌症與飲食及環境因素有關，基因等其他因素則約佔百分之十。其中，飲用水及食物的產出又與環境有關，由此可見，環境與人體健康的關係是十分密切的。環境污染無論是由何人所造成，其後果卻必須由大家共同來承擔，這是一種共業。好比有人在屋內抽菸，如果沒有人制止，大家就得吸二手菸。如果有許多人接二連三地抽菸，那麼每個人就得不停地吸著不同的二手菸。包裹在大氣層裏的地球有如一座密閉的空間，所有的污染不會輕易消失，只會留給我們自己及子孫共同來承受。談「養生保健」不能不考慮環境的問題，環境如果不健康，生活在其中的人們難免會受到傷害。

有人說，我們的地球病了。這是危言聳聽嗎？還是真有其事？全世界老舊工廠、焚化爐、火力發電廠所排放的煙灰、粉塵，全世界汽、機車每天排放的廢氣，有些人在野外燃燒廢五金、塑膠、電線、電纜、輪胎，某些火山不定時地噴發出岩漿、毒氣、灰燼等，凡此種種使得我們賴以維生的地球不斷地遭受污染。其中煤灰、焦油、粉塵、惡臭、有毒氣體造成許多人鼻子或眼睛過敏，也讓許多人產生氣喘、咳嗽等呼吸道不適的症狀。某些工廠附近的土壤及空氣中鉛、鎘等重金屬微粒或石綿纖維含量偏高，使人曝露在高罹癌的風險之中而不自知。

多年前，由於廢棄冷凍櫃、冷氣機、電冰箱的冷媒外洩，使得氟氯碳化物氣體擴散於大氣中，繼而進入地球上空的臭氧層；由於高空熾烈陽光的照射，使得氟氯碳化物中的氯與臭氧分子產生連鎖反應，最後造成臭氧層愈來愈稀薄，甚至產生破洞。根據聯合國的一份報告指出，公元二〇〇六年南極上空臭氧層破洞的面積已接近全亞洲面積的三分之二。雖然，國際間已經聯合採取了防範及補救措施，但是，南極上空受損的臭氧層估計要到二〇六五年以後才可能恢復原狀。在這之前，大量的紫外線將透過臭氧層破洞照射到地面，長時間曝曬陽光將提高罹患皮膚癌、白內障的風險。

空氣污染對人類的反撲不僅只於此，如今污染的空氣中含有二氧化硫及氮氧化物，當其上升而與雲氣結合，最後形成酸雨回落到大地，造成湖泊與土壤酸化，對地球生態、農作物收成、建物古蹟維護及水資源保護均產生不利的影響。空氣中逐年增加的二氧化碳，以及人類為取得耕地而大規模砍伐森林，使得地球的溫室效應增強，如今已導致「全球暖化」問題的浮現。根據美國「國家大氣研究中心」的分析報告，地球氣溫如果持續升高，將使得極地冰帽融化的現象更加快速，結果將造成海水上升，沿海低窪地區的都市、城鎮以及農田、房舍將逐一遭到淹滅。大量居民因流離失所，最後可能導致嚴重的社會、經濟及政治問題。全球暖化的現象似乎正改變著氣候型態，使得各地的氣候明顯地發生異常，酷暑、熱浪、暖冬、颱風、颶風、龍捲風、冰雪風暴、水災、旱災不斷地發生，且次數及強度有增加的趨勢。科學家警告，全球暖化將造成低窪地區被海水淹沒，地球上的耕地面積將逐漸減少，而某些地區由於天氣型態的改變將成為沙漠，不再適合耕作，因此，糧食問題將成為未來的一大隱憂。

除了空氣污染，其實水污染的情況也相當嚴重。工業製造過程中的廢水大多含有銅、鎘、鉛、汞等重金屬或有毒的化學物質，這些廢水如果沒有經過妥善的處理而直接排放，就會污染河川、地下水、湖泊、海洋及其所流經的土壤。同樣的，家庭及機關團體所排放含有糞便、細菌、油脂、廚餘、以及洗碗精、洗衣粉、洗髮精、沐浴乳、去污粉、清潔劑等有毒成份的污水，飼養豬、牛、羊、鴨等畜牧活動中所產生大量的動物排遺物，農業活動中使用農藥、除草劑、肥料等所排放的有害化學物質，採礦活動中所排放大量泥沙及硫酸、鹽酸、銅、鉛等有毒物質，垃圾掩埋場中滲出的污水，山坡地濫墾濫伐所形成的土石流等都是造成水質嚴重污染的元兇。水污染不僅影響我們飲用水的品質，也可能造成動、植物的受害及死亡。受污染的動、植物，尤其是水產、海產以及經過污水灌溉的稻米、蔬菜等，經人類食用後會引起中毒或各種急、慢性疾病。鎘污染有致癌及造成胎兒畸形的危險；然而，台灣北部的桃園地區就曾經因為農田遭到工業廢水污染，而驚爆鎘米事件。臺灣西南部的布袋、北門地區曾經因為地下水受到砷或螢光劑污染，造成許多居民染患痛苦的烏腳病。日本九州地區部份民眾曾經因為食用有機汞污染的魚、蝦、貝類，而引起可怕的水俁病。日本以及台灣的二仁溪口曾經發生過銅污染的綠牡蠣事件，而震驚社會。造成環境污染的一些化學物質，譬如：DDT、滅蟻樂、阿特靈、戴奧辛、多氯聯苯等由於具有干擾生物荷爾蒙的作用，因此被稱為「環境荷爾蒙」。這些化學物質經由空氣或水流的傳播最後累積在食物鏈中，使得女性罹患乳癌、子宮內膜異常增生、男性罹患前列腺癌、睪丸癌的機率增高。此外，「環境荷爾蒙」還可能降低男性生殖力、影響青少年性發育及人體免疫功能。對於生態而言，則可能造成魚、鳥、爬蟲類動物和哺乳類動物的去雄性化或去雌性化，降低其生殖力及免疫力，使得生態破壞及生物滅絕的情況日益嚴重。

除了空氣、水的污染外，土壤的污染也不容忽視。土壤污染主要來自於工業廢水、廢污泥、固態廢棄物、城鄉垃圾不當的棄置、農業活動中化學藥劑及肥料之濫用、有害化學氣體或重金屬微粒落塵、酸雨以及污染河川所造成下游土地之二次污染等。酸雨及濫施化肥會造成土壤酸化，除了影響農作物收成外，也會破壞自然生態。食品加工廠及畜牧場所排放的高濃度有機廢水使土壤性質改變，造成植物因根部缺氧而死亡。如前所述，農地如果受到有毒化學物質或重金屬污染會影響稻米、蔬果等農作物的生長，而有毒物質經由食物鏈進入腸胃，更將對人體造成輕重不等的傷害。草地如果受到戴奧辛等有毒物質污染，非但影響牛、羊等牲畜的生長，有毒物質經由乳類或肉類的形式進入人體同樣會對健康造成妨害。此外，土壤污染也可能造成河川及地下水的污染，直接威脅到飲用水的安全。

台灣地狹人稠，耕地面積有限，即使是一個不經意的動作，將水銀電池、鎳鎘電池、鉛鋅電池等隨意拋棄也很容易使農、牧地受到汞、鉛、鋅、鎳、鎘等重金屬污染，而讓自己及家人曝露在環境的危害之中。因此，環境維護人人有責；為了自己及家人的健康，為了我們的子孫後代，讓我們一起來關心環保問題。除了支持政府興建下水道及廢棄物處理等設施外，並應督促政府儘速立法，貫徹執行已有的管制措施。在個人及家庭方面，我們可以配合的事項列舉如下：

1. 避免排放對環境有害的物質

車輛排氣管要定期保養及檢查，儘量不使用含硫及鉛的燃料。儘量使用綠能產品，減少二氧化碳的排放。拒絕使用以氟氯碳化物作為冷媒的冷氣機、電冰箱。清洗衣物時，儘量使用不含磷的清潔劑，以免加速水庫、河流優養化，影響水質及生態。避免使用含有毒性化學物質的家庭清潔用品，包括：洗碗精、洗衣粉、洗髮精、沐浴乳、去污粉、地板蠟、清潔劑等，以免對我們的健康及環境造成危害。

2. 種植草木，綠化環境

植物在進行光合作用的過程中，會吸收二氧化碳，釋放出氧氣，對於清淨空氣和減緩地球暖化有正面的效益；因此，除了進行都市綠化外，鼓勵家庭種植盆栽或開發屋頂菜園，一來可以提昇生活品味，二來也可以為環保盡一分心力。此外，為了減少森林之砍伐，我們應該多使用再生紙，並且清理廢棄紙張供垃圾處理場回收利用。

3. 節約能源

儘量使用節能產品，譬如：使用省電的冰箱、冷氣、電燈等。出門多搭乘大眾運輸系統或採用省油、免耗油的汽車，以降低汽油的消耗量。平日養成節約用水及用電的習慣，譬如：以淋浴代替盆浴，修理漏水的水龍頭，隨手關掉沒必要使用的燈光、冷氣、電視、熱水器。節約能源不僅是減少能源的消耗，其實它具有另一種意涵，即減少廢棄物的污染。

4. 響應資源回收政策

落實資源回收，對節能及環保有很大的幫助。由於垃圾分類可以增加資源的回收，並且使垃圾量縮減，所以，我們應該支持垃圾分類及廢棄物回收再利用的政策。

◎ 養生保健之高度思考

一位友人平日很注重養生，除了飲食清淡外，也經常運動；不料，卻在中壯之年死於一場車禍。消息傳來，頗令我震驚，沒想到「吃得好，睡得好，每天運動，也未必能夠長壽」。由於這場意外，讓我對養生問題產生新的思考。通常，當我們開始關心自己的健康而重視養生時，總是會想到「該吃些什麼補品？該做些什麼運動？該多補充些睡眠！該讓自己多開心一點！」然後，逐步地付諸實踐。雖然，這些都十分重要；但是，透過「高度思考」，這一切又顯得只是枝枝節節。如果說，養生保健的目的是為了追求健康、長壽；或者是為了達到古人所謂「盡終其天年，度百歲乃去」的目標，那麼，最根本且最重要的問題就是要避免「非自然之死亡」，否則，一切的努力即可能因為一場災變而化為烏有。所謂「非自然之死亡」指的是死於疾病、自殺、刑殺及各種意外事故。換言之，非因自然衰老而死亡者均屬之。有人說「人算不如天算」，我們怎麼可能預知一切災難而加以防範呢？話雖如此，人若不知自助，天又何以助之？所以，何不抱著「謀事在人，成事在天」的心態，盡力而為呢？

為了避免「非自然之死亡」，首先，我們應該認識有哪些潛在的危害？認識潛在危害可以從健康檢查做起，經由健康檢查，我們可以了解身體有無潛在的問題。雖然，健康檢查未必能檢測出所有的毛病；但是，我們也不能隨意否定它的價值。檢查結果如果發現有問題，特別是高血壓、心臟病或腦血管方面的疾病，則必須提高警覺，按照醫師指示，定期追蹤，仔細療養，只要病情控制得宜，健康長壽依然可以期待。此外，根據行政院衛生署統計資料顯示，公元二〇〇七年台灣地區民眾的十大死因依序為：(一)惡性腫瘤(連續二十六年蟬聯榜首，死亡率為全部死亡人數的

28.9%)、(二)心臟病、(三)腦血管疾病、(四)糖尿病、(五)事故傷害、(六)肺炎、(七)慢性肝病及肝硬化、(八)腎炎、腎徵候群及腎性病變、(九)自殺、(十)高血壓疾病。近年來，十大死因雖然在排序上或有變動，但是，名目卻少有更改。因此，它們是台灣地區目前發生率最高，造成最多人死亡的原因，而這也是我們必須多加認識並且要小心防範的危害。[Ref.49]

以下列舉與十大死因可能相關的因素，作為大眾預防之參考。 [Ref.46, 47]

(一)惡性腫瘤

1. 經常食用醃漬、煙燻、發霉、油炸或不當燒烤的食物。
2. 經常食用含有硝酸鹽、亞硝酸鹽成份的食物。
3. 經常食用含有黃麴毒素、黃樟素、硝基呋喃、孔雀石綠、甲醛(俗稱福馬林)、氯乙烯單體、三氯甲烷、重金屬鎘、砷等容易引起癌症的食物。
4. 長期抽菸、吸二手菸、酗酒或嚼檳榔。

5. 經常處在油煙、粉塵、三氯甲烷、甲醛、石綿等有害物質污染的環境之中。
6. 經常近距離的曝露在高壓電塔、高壓電纜等電磁場或X射線、核輻射之中。
7. 長時間在烈日或紫外線下曝曬。
8. 長期憂鬱或精神壓力過大。
9. 長期勞累。
10. 幽門螺旋桿菌或人類乳突病毒等重複感染或傷口一再復發。
11. 家族遺傳。
12. 其他。

（二）心肌梗塞、冠狀動脈硬化及心臟病

1. 高脂血症（主要是三酸甘油脂、膽固醇濃度過高）。
2. 高血壓。
3. 糖尿病。
4. 肥胖。

5. 缺乏運動。
6. 抽菸。
7. 飲酒過量。
8. 熬夜、睡眠不足。
9. 情緒過於激動或緊張、精神壓力大。
10. 年齡。
11. 遺傳(先天性心臟病)。
12. 其他(病菌侵入心臟造成病變、血鉀濃度失衡造成心律不整或心跳停止)。

(三)中風、腦血管疾病

1. 高血壓。
2. 高脂血症(主要是三酸甘油脂、膽固醇濃度過高),血管硬化。
3. 心臟病。
4. 糖尿病。

5. 年齡大，血管老化。
6. 經常菸、酒過量。
7. 遺傳。
8. 其他(天候寒冷、情緒激動、激烈運動、解便或提重物之瞬間使力、燙水浴或熱水浴時間過久、瞬間快速坐起或站立均會使血壓升高，增加腦中風發生之機率)。

(四) 糖尿病

1. 遺傳。
2. 肥胖。
3. 三餐不定，暴飲暴食，攪亂新陳代謝機制。
4. 經常攝取過多的糖分或脂肪。
5. 酒精性胰臟炎、病毒感染或撞傷造成胰臟病變。
6. 長期過勞或精神壓力。

7. 年齡。

8. 其他。

（五）事故傷害

看似平靜的生活中，其實隱藏著許多致命的危害。以一氧化碳中毒為例，每年冬天總要奪去一些人的性命。一氧化碳中毒的原因，主要是人長時間待在燃燒瓦斯或木炭的密閉空間內所造成。由於冬天氣候寒冷，門窗緊閉，屋內就等同是一座密閉空間，如果瓦斯熱水器安裝在屋內，一旦使用，室內的氧氣因燃燒而消耗殆盡，逐漸使得瓦斯燃燒不完全(火苗呈現紅色)並因此產生大量的一氧化碳，在無聲無息中便可以奪去一家人的性命。預防這種悲劇的發生，最簡單的做法就是將瓦斯熱水器安裝在室外空氣流通之處，而平日在廚房中使用瓦斯爐，也要注意空氣流涌的問題。除了一氧化碳中毒之外，可能致命的意外事故還包括：火災、瓦斯氣爆、土石流、風災、水災、震災、盜匪闖入、食物中毒、藥物中毒、假酒中毒、異物梗噎、車禍、墜機、沉船、工機具夾捲、高處墜落、觸電、大面積灼傷、有毒氣體或腐蝕性溶液傷害、溺水、毒蛇毒蜂或病媒蚊等叮咬、狂犬或野獸攻擊、鬥毆、刀槍傷、兵災、致死率高之病毒感染、雷擊……等。總而言之，在居家、飲食、交通、工作及出遊時要多注意潛藏在身邊的危害，凡事多小心，相對地就可以避免許多傷害事故的發生。

(六) 肺炎

1. 上呼吸道感染未及時就醫，而蔓延至肺部。
2. 長期臥床病患或體質虛弱者所引起的併發症。
3. 經常處在粉塵、油煙、有毒化學物質等空氣污染的環境之中。
4. 其他。

(七) 慢性肝炎及肝硬化

1. 經由飲食、血液、體液等途徑感染到A、B、C、D、E型肝炎病毒。
2. 長期酗酒。
3. 亂服成藥。

4. 長期或大量接觸毒素或有害化學物質。
5. 長期高脂血、肥胖等因素形成的脂肪肝及肝硬化。
6. 其他(經常熬夜、操勞、發脾氣、營養不良、攝入黴菌毒素均對肝臟有害)。

(八) 腎炎、腎徵候群及腎性病變

1. 高血壓。
2. 糖尿病。
3. 亂服成藥(包括止痛藥、抗生素及含馬兜鈴酸成份之中藥等)。
4. 飲水太少，導致結石。
5. 經常憋尿，或衛生習慣不良造成泌尿系統細菌感染。
6. 上呼吸道感染引發之腎炎。
7. 經常攝取過多之蛋白質或鈉鹽。
8. 經常暴飲暴食。
9. 遺傳。

10.其他(腰部受寒、受創，攝取毒物、重金屬、黴菌感染的食物均對腎臟有害)。

(九)自殺

1.重度憂鬱症。
2.感情、經濟、生活適應或健康方面發生問題，所產生一時的自殺衝動。
3.空虛、乏味、絕望、苦惱、自我否定等心理因素造成厭世的人生觀。
4.其他(濫用藥物、精神錯亂、畏罪自殺、宗教狂熱等)。

(十)高血壓疾病

1.糖尿病。
2.腎臟病。
3.喜食肥肉等動物性脂肪或高膽固醇之食物。
4.長期吃的太鹹或缺乏蛋白質、鉀、鈣、鎂等營養素。
5.經常菸、酒過量。

6. 肥胖或缺乏運動。
7. 經常緊張、焦慮或情緒激動。
8. 年齡。
9. 遺傳。
10. 其他(體內重金屬鉛負荷過多等)。

◎養生保健之深度思考

從生理學的角度而言，人體是一個生化有機體，包括：呼吸、消化、循環、免疫、內分泌、感覺及神經、骨骼及肌肉、泌尿及生殖等系統；而一輛汽車則有點火、傳動、充電、煞車、冷卻、引擎及燃料、避震及懸吊等系統。不論是人體或者汽車，系統的運作都必須依循一定的法則，違反這些法則，機器會發生故障，人體則會出現病痛，甚至死亡。「養生保健」就是在了解並依循這些法則，以求達到健康、長壽之目的。

以消化系統為例，當我們攝取食物，尤其是固體食物，經常需要咀嚼；通常門齒負責將大塊食物切斷，犬齒負責將難以切斷的食物撕裂，臼齒負責將食物壓碎並研磨成細小顆粒，舌頭負責品嚐並翻攪食物，而腦部則控制口腔、牙齒、舌頭間動作之協調。咀嚼的目的是為了使食物容易吞嚥而通過腸胃道，另一個目的則是為了將食物研磨成細小顆粒，以增加與消化液接觸的面積。在飲食的過程中，視覺、嗅覺、味覺、觸覺均能引起唾液的分泌，其中尤以酸味能刺激口腔分泌大量之唾液。唾液中含有澱粉酶及黏液。黏液使食物容易吞嚥，更具有潤滑和保護口腔、食道的作用。澱粉酶可分解澱粉質，將澱粉類食物作初步之消化。食物經過咀嚼後，透過吞嚥的動作將食團推入咽喉，此時，咽喉內之會厭軟骨會同步蓋住氣管入口，以防止食物誤入並順勢將食團導入食道。食物經由食道之收縮蠕動而到達胃的入口，此時，賁門括約肌適度鬆開，讓食物進入胃部。

胃臟位於人體上腹部，是一個強韌的袋狀器官，進食時可適度擴張，一般成年人的胃可容納一點五公升左右的食物。胃部在消化蠕動時，胃進口處的賁門括約肌會適度收縮，以防止胃酸及食物逆流至食道。胃的出口處為幽門，有幽門括約肌，可控制食物流入十二指腸的速度。胃的內壁佈有胃腺，可分泌胃液。胃液含有黏液、鹽酸、內在因子及消化酵素。鹽酸除了製造酸性環境，使酵素產生活性外，也具有殺菌的功能。黏液可以保護胃壁，使胃壁免受鹽酸及消化酵素的侵蝕。胃腺所分泌的消化酵素主要為胃蛋白酶，在強酸環境中對於蛋白質有很強的分解能力。此外，有凝乳酵素，可將喝入的牛奶加以凝結。胃液中所含之內在因子，可幫助迴腸吸收維他命B12。在人的一生中，如果因為罹患慢性胃炎等疾病而使得胃腺嚴重受損，那麼此人不僅會胃酸不足，也由於內在因子分泌不足，使得骨髓中紅血球缺乏維他命B12的作用而無法成熟，因而造成惡性貧血。胃酸的分泌與大腦及胃部神經受到刺激有關；當食物進入胃部，由於胃壁受到刺激，使得體內之乙醯膽鹼、胃泌素及組織胺相繼分泌，這三種激素再共同刺激胃腺，於是產生大量之胃酸。當胃液的酸度增加至強酸狀態時，會自動抑制胃酸的分泌，這種回饋抑制作用，一來可使得胃蛋白酶能在適度強酸的環境下(pH值約為3)進行消化工作，二來可保護胃壁，以免過量之強酸造成胃部潰瘍。消化道神經分佈於食道、胃、腸及肛門，可控制腸胃道蠕動、消化液分泌與局部血液之流量。由於腸胃道神經與副交感及交感神經系統有連結，所以刺激副交感或交感神經可以促進或抑制腸胃道功能；換言之，情緒對於消化液分泌、腸胃蠕動及消化功能會產生一定程度的影響。通常，食物進入胃部會引起胃之蠕動，而血液中血糖濃度太低時，也會引起胃部收縮並產生饑餓的感覺。胃部肌肉之收縮蠕動，目的在將食物揉成半流質的食糜，並使其與胃液充分的混合。由於胃出口處幽門括約肌的開口不大，因此，除了水份及湯汁容易通過外，每次蠕動收縮只能將幾毫升的食糜送入十二指腸。通常，食物在胃中大約停留二至四小時；湯湯水水的食物較快通過胃部，其次為澱粉類食物，再其次為蛋白質類食物，脂肪含量高的食物則需時較久。胃的出空時間除了與食物的種類有關之外，與人的情緒及胃的健康狀況亦有關聯。情緒興奮會加速胃部的出空，恐懼則會延緩；胃強的人出空較快，胃弱的人相對較慢；流質或經過仔細咀嚼的食物出空較快，固體或堅硬的食物相對較慢。在飲食過程中如果吞入太多的空氣，大部份人會經由打嗝而將胃中的空氣排出。 [Ref.48]

雖然，胃能吸收少量的酒精及某些藥物成份，食物中大部份的營養還是得靠小腸來進行吸收。小腸是一條長約五至六公尺的細長彎曲管道，可分為十二指腸、空腸與迴腸三部份。食糜由胃進入小腸後，腸壁受到擠壓膨脹因而刺激腸道以類似香腸般的分節方式進行蠕動收縮，由於每次收縮的分節處未必相同，因此，小腸的蠕動收縮具有將食糜揉碎、推進並將消化液充分混合的作用。通常，食糜通過小腸大約需要三至五小時。當酸性的食糜由胃進入小腸，由於小腸的前段，也就是十二指腸壁具有密佈的布隆納氏腺體，因此會分泌鹼性黏液以保護腸壁免受胃液的侵蝕。進入十二指腸內的食糜也會刺激腸道，促使胰臟分泌胰液，胰液流經胰管，與肝臟中膽囊所排出之膽汁匯合，然後注入十二指腸。胰液含有胰蛋白酶、胰澱粉酶、胰脂肪酶及大量的重碳酸鈉水溶液等。胰蛋白酶接續胃蛋白酶之工作，將蛋白質分解為多胜肽及胺基酸。胰澱粉酶接續唾液澱粉酶的工作，將澱粉水解成麥芽糖或葡萄糖聚合體。胰脂肪酶則配合膽汁，將脂肪水解成脂肪酸及單酸甘油酯。重碳酸鈉水溶液則將來自胃的酸性食糜予以中和（$HCl + NaHCO_3 \rightarrow NaCl + H_2O + CO_2$），以防止腸道為胃酸所侵蝕，且提供適合胰消化酶工作的微鹼性環境。在上述消化過程中，膽汁雖然不含酵素，卻扮演著乳化脂肪的重要角色；藉由腸道之蠕動，將大分子的脂肪擠壓為小分子的脂肪粒，以增加與脂肪酶接觸之面積。膽汁除了促進脂肪的消化外，並協助脂肪酸及單酸甘油酯的運送與吸收。順便值得一提的是，胰蛋白酶在胰臟內合成時是以沒有活性的方式存在，直到進入腸內與腸黏膜分泌的腸激酶接觸後才被活化；否則，胰蛋白酶會將胰臟分解，這與胃蛋白酶在胃酸環境中才開始活化的道理極為類似，這些都是人體巧妙的保護機制。此時，食糜繼續在小腸內前進，小腸腺則分泌麥芽糖酶、異麥芽糖酶、蔗糖酶、乳糖酶、腸脂肪酶及多種胜肽分解酶等將食物進一步分解為葡萄糖、半乳糖、果糖、胺基酸、雙胜肽、三胜肽、脂肪酸及單酸甘油酯等，以利小腸內壁數百萬個吸收營養素的絨毛來吸收。其中單醣、雙醣、雙胜肽、三胜肽及胺基酸等營養素的運送吸收有賴載體蛋白與鈉離子的協助，而脂肪酸及單酸甘油酯的運送吸收則仰賴與膽汁有關的膽酸微膠體協助。通常，蛋白質經過充分咀嚼且在單次的進食中未過量攝取，則大部份會轉變成胺基酸而為人體所吸收，否則，過多的蛋白質會在腸內腐敗，最後以糞便的形態排出體外。食糜在小腸內酸鹼中和過程中所產生的水和二氧化碳大部份會經由腸黏膜吸收至血液中，再排出體外。總而言之，小腸吸收食糜中的水份、單價無機鹽離子、胺基酸、脂肪酸、葡萄糖等養份，然後將食物殘渣以及剩餘的水份推入大腸。 [Ref.48]

大腸屬於消化道的後段，管徑較小腸粗大，全長約一點五公尺，可分為盲腸、結腸與直腸。盲腸上有一段指狀突起，稱為闌尾，一般所謂之盲腸炎，其實多半為闌尾發炎。食物殘渣由小腸進入大腸，須經迴盲括約肌的控管。迴盲括約肌除了控制殘渣由迴腸送入盲腸的速度，而且可以避免已進入盲腸裏的殘渣回流至迴腸。當盲腸因為食物殘渣的進入而受力膨脹時，迴盲括約肌的收縮即開始增強並抑制迴腸的蠕動，於是延緩了迴腸將殘渣繼續送入盲腸的速度。食物殘渣經由盲腸而後進入結腸，結腸的前半段負責吸收殘渣中的水份與電解質，結腸的後半段負責糞便殘渣的儲存，並且每天有一至三次的整體收縮，每次持續十至三十分鐘。這種收縮運動經常在用餐後(特別是早餐後)，或副交感神經受到強烈刺激時產生。結腸的整體收縮運動可將糞便推入直腸，以刺激直腸壁及薦椎神經，使肛門內括約肌鬆弛而產生排便的慾望；此時，受人腦意識控制的肛門外括約肌如果被允許鬆弛，就會產生排便的動作。大腸內最顯著的分泌物是含有重碳酸根離子的黏液，黏液可以保護大腸，避免受細菌、毒素及糞便磨擦的傷害；此外，黏液也可以將糞便殘渣黏合在一起，以便集中排出。通常，食物殘渣在大腸內停留十二至三十六小時，部份殘渣甚至會在直腸內停留數天之久。食物殘渣在大腸中如果移動速度太慢，由於水份被大量吸收而形成乾硬的糞便，非但不易刺激腸道引起排便慾望，更可能因為糞便乾硬而造成排便上的困難。緊張不安的情緒會影響大腸，造成腸內黏液大量的分泌；腸炎細菌的刺激也會促使大腸分泌大量的水份、電解質和鹼性黏液以稀釋刺激物質，因而容易造成腹瀉。大腸內糞便的組成，包括：食物殘渣、水份、無法吸收的纖維素、腸壁脫落的黏膜細胞以及各種各樣的細菌等。大腸內有許多細菌聚落，部份細菌可製造出維他命K及維他命B群，供人體吸收利用；部份細菌則製造出二氧化碳、甲烷、硫化氫、阿摩尼亞等氣體，這些氣體一部份經由腸黏膜吸收，其餘則藉由大腸蠕動而產生排氣。攝食黃豆、黑豆、紅豆、豌豆、洋蔥、玉米、番薯、牛奶等容易在腸道內產生較多的氣體，因此，剛接受過腸道手術的病人宜暫時避開這些食品。 [Ref.48]

對人體消化系統的運作有了進一步的了解之後，接下來我們進行一些「深度思考」。

・牙齒結構——多蔬果，少肉食。

首先，我們從人類的牙齒結構思考起。通常，成年人有三十二顆牙齒，包括：八顆門齒，二十顆臼齒，和四顆不太發達的犬齒。從牙齒發育程度上來比較，草食性動物的門齒、臼齒較為發達，肉食性動物的犬齒較為發達，而人類則介於兩者之間。這種隨著數百萬年以上演化而來的牙齒結構，似乎說明了我們是雜食性的動物；而由門齒、臼齒的數量遠大於犬齒的數量來看，人類似乎應該多吃蔬菜、水果及穀物，而不適合吃太多的肉食。我們彎曲綿延的腸道，不適合長時間貯存容易腐敗的肉食，似乎也傳達了同樣的訊息。牛、羊屬草食性動物，不吃肉也可以獲得足夠的營養；人類屬雜食性動物，是否適合長期之素食則是一項值得深入探討的問題。從營養學的觀點，適度的葷食比較容易從食物中獲得人體所需要的各種胺基酸、維他命B12及鐵質。近代營養學方面的研究也強調要多吃蔬菜、水果，避免過多之肉食，這樣既尊重人體的生理構造，也符合自然的養生法則。

・腸胃運動——保健牙齒，細嚼慢嚥，湯水軟食。

其次，我們思考食物在腸胃道中蠕動推進的情形。由於胃的出口甚小，胃部每次的收縮只能將幾毫升的食糜送入十二指腸，因此，用餐時如果狼吞虎嚥，沒有將食物咀嚼成細微顆粒，那麼研磨食物的工作就得交由胃來處理，而加重了胃的負擔。反之，食物如果在口中經過仔細咀嚼，由於唾液分泌多，不但可以將食物嚼碎軟化，還可與唾液澱粉酶充分混合，有助於食物的消化與吸收。傳統養生法中強調「飲食要細嚼慢嚥」，就是這個道理。

此外，我們知道食糜在腸道中是靠著腸道的收縮蠕動而前進的，所以，食糜的柔軟度與其在腸道中移動的順暢與否應有一定的關聯。雖然，唾液、胃液、胰液、膽汁、小腸液等體內所分泌的液體可以將咀嚼後的食物混合成半流質的食糜，如果用餐時再補充些湯汁，對於食糜在腸道中順暢的移動必然會有所助益；然而，湯汁的量不宜過多，因為太多的水份會稀釋消化液，可能對食物消化產生不良影響。飯後食用冰品可能也不恰當，因為，人體器官的運作必須在一定的溫度環境中進行，飯後吃冰淇淋、喝冷飲使得胃內溫度急速下降，如此，可能會影響胃的消化功能。

前面談到「飲食要細嚼慢嚥」，那麼對於牙齒這項咀嚼研磨的工具就得多加愛護。愛吃甜食是造成齲齒的主要原因之一，這是因為殘留在牙齒表面的糖份或碳水化合物經過分解後轉化成為酸性物質，破壞了牙齒表面的琺瑯質。預防齲齒最有效的方法，就是經常保持口腔及牙齒的清潔。尤其是飯後或喝完加糖的咖啡，別忘了漱漱口，這樣對牙齒的保健必然有所幫助。經常喝碳酸飲料，或體內缺乏鈣質，容易使牙質變脆，要特別留意。老年人牙齒脫落，這是人生必經的歷程，安裝合適的假牙實有其必要。老年人牙齒不好，咬力不佳，可攝食柔軟的稀飯、燉爛的菜餚或湯湯水水的麵食。此外，透過機器加工，將蔬果打成蔬果汁，將肉類絞碎搗爛後再行烹煮，或者製成肉鬆後食用，均不失為補救之道。

・胃部出空------晚餐吃得早，飲食七分飽。

接下來，我們思考胃部出空的問題。通常，食物在胃中大約停留二至四小時；

水份及湯汁能很快通過胃部，其次是澱粉類及蛋白質類食物，脂肪含量高的食物則費時較久。胃出空時間除了與食物的種類有關之外，與人的情緒及胃的健康狀況亦有關聯。興奮會加速胃部的出空，恐懼則會延緩，胃強的人出空較快，胃弱的人相對較慢。既然食物在胃中大約停留二至四小時以便進行消化，那麼晚餐太遲就會延誤胃的休息時間，並且影響睡眠品質，偶而如此，尚無大礙，經常如此，對身體終將造成傷害。以某君每晚十一點就寢為例，減去四小時，換言之，晚餐應在七點前即行結束，否則就不合乎養生之道。明白這層道理，也就能夠明白為什麼「吃宵夜」是一種不好的習慣了。睡前胃部飽脹固然影響睡眠，而睡前饑腸轆轆有時也讓人難以入眠，既然我們了解水份及湯類食品能很快地通過胃部，如此，我們不妨喝些菜湯或者溫牛奶，既可以幫助入睡，又不至於增加腸胃負擔。

由於胃弱的人胃出空速度較慢，因此，不宜飽食。少吃多餐，或者三餐以七分飽為原則，否則，食物積滯在胃中難以消化，甚至引起頭暈、嘔吐的感覺就有違養生之道了。對於賁門鬆弛、胃酸逆流的患者而言，也不宜飽食。因為，胃的容量約一點五公升左右，吃得太多，胃部在收縮蠕動的過程中容易將胃酸及食物擠入食道，造成食道潰瘍，尤其是飯後平躺或曲身下彎的姿勢，更容易發生。了解以上原因後，就應該儘量避免。

・消化道神經網路——保持輕鬆愉快的心境，有病要儘快看醫師。

接下來，我們思考消化道神經網路的問題。由於消化道神經與交感、副交感神經有所連結，因此，人的情緒會影響消化道的功能。經驗告訴我們，心情好的時候，東西吃起來津津有味，心情不好的時候，就算是山珍海味也覺得沒有胃口；青春期的男女，如果患了相思病會茶不思、飯不想，這些都是情緒所造成的影響。所以，善於養生的人重視用餐氣氛，以輕鬆愉快的心情用餐，這樣不僅唾液的分泌量增加，味蕾的感覺敏銳，連腸胃的蠕動也變得規律且有活力。此外，心理因素也影響腸胃道的分泌；緊張、焦慮會造成胃酸及黏液分泌失衡，因而侵蝕胃及十二指腸壁，造成嚴重的消化性潰瘍。現代人生活競爭激烈，普遍面臨著工作、課業、經濟或人際關係方面的壓力，也難怪罹患胃潰瘍及十二指腸潰瘍等文明病的人愈來愈多。所以，站在身體保健的立場，建議參考前文所述排除負面情緒的做法，以保有輕鬆愉快的心境。由於烈酒、濃茶、濃咖啡、可樂、辣椒等辛辣食物以及阿斯匹靈等刺激性藥物對胃黏膜容易造成傷害，所以，應該儘量避免或減少攝取。胃或十二指腸潰瘍經常發作的患者最好到醫院檢查是否遭到幽門螺旋桿菌的感染，有病痛不要怕麻煩，要儘快看醫師，這才是養生保健之道。

・結腸收縮運動┈┈不強忍排便，保持腸道通暢與健康。

接著，我們思考結腸的收縮運動。結腸的後半段每天有一至三次的整體收縮，這種收縮經常是發生在用餐後，特別是早餐。由於結腸的收縮運動可以將糞便推入直腸，尤其是含有大量纖維及水份的糞便會強烈地刺激直腸壁及薦椎神經，使得肛門內括約肌鬆弛而產生排便的慾望。如果一個人經常強忍排便，經過一段時日後直腸會變得鬆弛，而且排便反射的敏感度也會降低，那麼，在此後的歲月中就非常容易便秘。因此，有排便慾望時儘可能不要抑制，最好的辦法是配合日常作息，養成固定的排便習慣。每天要多吃蔬菜、水果及適量飲水，特別是早起空腹時喝一杯溫開水，既可以稀釋濃稠的血液，又可以預防便秘。

經常強忍排便非但容易便秘，也容易罹患痔瘡。因為，便秘的人糞便乾硬，不易排出，經常使用蠻力排便會使得肛門附近的靜脈受到擠壓而曲張變形，結果形成痔瘡。此外，長時間蹲著排便，也容易造成肛門附近的靜脈曲張而形成病變。所以，預防痔瘡最好的方法就是避免便秘，保持腸道通暢，同時避免長時間蹲著排便。

・小腸吸收原理——避免長時間曝露在電磁場強度甚高的環境之中。

最後，我們思考小腸內壁營養吸收的原理。食物在小腸內最終被分解為葡萄糖、半乳糖、果糖、胺基酸、雙胜肽、三胜肽、脂肪酸及單酸甘油酯等，以利小腸內壁數百萬個吸收營養素的絨毛來吸收。其中單醣、雙醣、雙胜肽、三胜肽及胺基酸等營養素的吸收有賴載體蛋白與鈉離子的協助，而脂肪酸及單酸甘油酯的吸收則仰賴與膽汁有關的膽酸微膠體協助。由於小腸上皮細胞對營養素的吸收牽涉到離子在細胞膜內、外的移動，而離子的移動與電位梯度有關，因此，外在的電磁場是否會攪亂人體內之生化狀態，特別是長時間曝露在電磁場強度甚高的環境中是否會對人體營養吸收產生不良的影響，值得深入研究。此外，令人疑慮的是電磁場對人體神經傳導、內分泌、新陳代謝、免疫系統的影響，在情況未明朗化之前應避免長時間待在高壓電塔或其傳輸線下方；同時，檢視床頭、書桌等經常坐臥的地方，如果周圍有電磁場強度高的設備最好能夠移開。

經驗總結

養生保健之7-T政策

以上針對「養生保健」問題進行了廣度、高度及深度思考，讓我們對養生方面的知識有了進一步的掌握。這種經過「立體思考」的知識，相對而言是較全面的、有重點的，是知其然，亦知其所以然的活知識。綜上所述，我們可將其歸納為以下之7-T政策(Policy)，以便於記憶與實踐。

(一) Take the Right Food（吃正確的食物）

1. 攝取清潔、無毒的食物及飲水

避免攝取受到農藥、戴奥辛、三聚氰胺、硝基呋喃、孔雀石綠、多氯聯苯、甲醛(俗稱福馬林)、氯乙烯單體、鄰苯二甲酸酯、鎘、鉛、汞、砷、銅、氯、過量抗生素或生長激素、過量硝酸鹽或亞硝酸鹽、過量硼砂或過氧化氫、黃麴毒素、赭麴毒素、黃樟素、中華肝吸蟲卵、鉤蟲卵、薑片蟲卵、大腸桿菌、副霍亂菌、沙門氏菌等細菌、病毒、寄生蟲或有害化學物質、重金屬污染的食物及飲水。

2. 現代人的飲食要三低一高

攝取低油、低鹽、低糖及高纖維食品，以預防心血管等疾病的發生。

3. 多攝取抗氧化劑食物

多攝取含有β---胡蘿蔔素、茄紅素、類黃酮素、花青素、兒茶素、維他命A、維他命C、維他命E、硒等抗氧化劑食物，以減少自由基對身體之傷害，達到抗老、防癌的效果。

4. 重視酵素的攝取

經常攝取鳳梨、木瓜、奇異果、香蕉、酪梨、芒果、蜂蜜、苜蓿芽、高麗菜、捲生菜、紫萵苣、小麥芽、生魚片等含酵素的食物，並適度補充維他命及礦物質，以幫助消化，促進新陳代謝，逐步改善體質。

5. 常攝取有利腸道健康的食物

經常攝取優酪乳、泡菜、發酵酒、甜酒釀、啤酒酵母等發酵食品，配合多吃蔬果，少吃肉食，以培養腸內益菌，達到淨化腸道，延緩老化，提昇免疫力及改善體質的目的。優酪乳宜在飯後二小時，胃酸濃度下降時食用為宜。

6. 經常飲用蔬果汁

多吃含纖維之蔬果，多喝水，不強忍排便，配合多運動，放鬆心情，以預防便秘，保持腸道通暢與健康。

7. 避免攝取不好的食物

香菸、烈酒、濃茶、濃咖啡、碳酸飲料、檳榔等宜避免或減少攝食。

(二) Take the Food Right（正確地吃食物）

1. 注意營養均衡

碳水化合物、蛋白質、脂肪、維他命、礦物質、水份的攝取要均衡。一般正常人可參照金字塔式的飲食指南，對於全穀、根莖類以及蔬菜、水果類的食物要充分攝取，而肉、魚、豆、蛋、奶類的食物要足夠但不宜過量，對於油脂類及鹽份、糖份則必須控制攝取。至於水份的攝取，以體重六十公斤的人為例，無大量運動時，每天需從食物及飲水中攝取約二千至三千西西的水份，夏天流汗或大量運動後可酌情增加。

2. 食物須經過適當地儲存與調理

肉乾、魚乾、醃菜、鹹菜、米、麵、黃豆、玉米、花生等五穀雜糧及其製品宜儲存於乾燥或冷藏的環境之中。未吃完的食物，以及已開罐的花生醬、咖啡、豆腐乳、豆瓣醬等亦應放入冰箱保存，以免產生黃麴毒素或赭麴毒素。

食物不宜過度烹煮，否則營養容易流失，油脂也容易變質。一般以水煮、水炒、中火或小火烹炒、汆燙、清蒸、涼拌為宜。

食用油宜採用天然原味、未經精製之植物油為佳。經過氫化過程製造之人造奶油、氫化棕櫚油含有反式脂肪，應避免食用。

煎、炸食物宜使用冒煙點溫度較高之食用油。

食物之調味以清淡為佳，避免太鹹、太甜、太油或太辣。

醃漬及炭火燒烤的食物不宜多食，否則宜搭配大量蔬菜以降低致癌風險。

番茄及胡蘿蔔經過烹煮、油炒，營養素較易為人體所吸收。

含維他命C之蔬果不宜與含抗壞血酸分解酶之食物搭配食用，以免維他命C遭到破壞。

以硝酸鹽防腐之食品不宜與胺類食物或乳酸飲料搭配食用，以免致癌。

鋁鍋、鋁罐、鋁箔遇酸容易溶出鋁金屬，不適合用來裝盛食物。

3. 三餐宜定時定量

三餐有規律，養成按時用餐的習慣。早餐不可忽略，晚餐宜在就寢前四小時食用完畢。

每餐食量要有節制，不可暴飲暴食，通常以吃到七分飽最為理想。

4. 飲食要細嚼慢嚥

食物在口中要細加咀嚼，然後緩慢嚥下。一來不會嗆著，二來可減輕胃部負擔，三來食物容易被消化、吸收。飯後應刷牙或漱口，以保持牙齒健康。

5. 輕鬆愉快的心境用餐

用餐時，避免談論嚴肅或不愉快的話題。在輕鬆、愉快的心境卜用餐，消化液分泌旺盛，腸胃蠕動力強，對食物的消化、吸收有很大的幫助。

餐桌的擺設、餐具的選擇，以及食物之色、香、味會影響心情與食慾，可多加重視。

(三) Take a Proper Exercise（做適度的運動）

1. 運動項目

養生運動若以活絡筋骨、強化內臟、增加氣血循環為重點，則可採行瑜珈、太極拳、氣功、舞蹈、慢跑、快步走等運動。將身體俯仰、旋轉、壓縮、伸展、拍打、跳躍之體操運動亦值得推薦。

2. 運動時間及強度

有心血管等疾病的人運動前，應先請教醫師。

每個人可根據自己的年齡及身體狀況適度調整運動時間及強度。一般建議每週至少運動三次，每次約三十分鐘，直到身體發熱流汗、心跳加速(約達一百三十次)、呼吸加深並且持續十多分鐘，即可達到養生的效果。過於激烈、勞累的運動實屬沒有必要，甚至可能有害。

3. 運動場地

和煦的陽光、新鮮的空氣、含有植物芬多精、負離子的環境中鍛鍊較為理想。

4. 運動有關之注意事項：

(1) 飯後一至二小時之內不宜做激烈運動，以免妨害腸胃的消化、吸收，甚至引起嘔吐、腹痛等症狀。

(2) 運動前要做暖身運動，以減少肌肉抽筋、關節脫臼、筋骨扭傷的機會。

(3) 運動後應做五到十分鐘的整理運動，不但容易消除疲勞，也可以避免血壓突然下降，引發心肌缺血。

(4) 早晨起床血液較濃，應先喝水，且不宜做激烈運動，以免引發心肌梗塞、腦中風等問題。

(5) 運動流汗過多，容易造成肌肉抽筋或心律失調，應適時補充鹽份或運動飲料。

(6) 老年人運動時要小心，避免跌倒、摔傷。運動時，若感覺膝關節或踝關節疼痛，則須請教醫師，並適量補充軟、硬骨之營養素。

(7) 房事不宜過度。在天時、地利、人和的條件下，調整吐納，知所節制，正常的床上運動，反而有利於養生。

(四) Take a Good Sleep (睡ㄧ個好覺)

1. 睡眠時間

每個人所需要的睡眠時間並不相同，以一般人而言，每天大約需要七至八小時的睡眠，嬰兒與老人需要酌量增加。早晨醒來感覺頭腦清醒、心情舒暢、精力充沛，以此為標準可定出自己所需要的睡眠時間。

長期睡眠不足對身體固然不好，睡得太多，氣血遲滯，頭昏倦怠，對身體也未必有利。

中午小睡片刻，既可減輕心臟負擔，且可提高工作效率。

冬天宜早睡晚起，以免早晚寒氣重，易受風寒侵害。

2. 睡眠品質

如欲獲得優質的睡眠，可參考實踐以下事項：

(1) 生活作息有規律，則晚上該睡的時候自然就想入睡。
(2) 白天適度運動，晚上較容易進入夢鄉。
(3) 睡前三至四小時內，勿大量進食。
(4) 配合子午流注及內分泌節律，晚間十一點以前就寢。
(5) 晚上應減少咖啡、濃茶、香菸等刺激物的攝取。
(6) 喝蜂蜜牛奶，有助於睡眠。
(7) 宜選用軟硬度適中的床墊、枕頭及輕巧、保暖的被子。
(8) 營造安靜、舒適、關燈的睡眠環境。
(9) 臨睡前要心放空、身放鬆。
(10) 如無疾患，睡姿以右側臥為主。
(11) 睡前小解以減少晚間起床次數，增加深眠時間。
(12) 冬天熱水泡腳，有助於入眠。
(13) 打鼾嚴重者，宜加以治療。

(五) Take It Easy（心情放輕鬆）

如欲保有輕鬆的心境，可參考實踐以下事項：

1. 學習正面思考

平日生活中，對於周遭的人、事、物經常抱持著光明的、正面的思考，則心中比較容易擁有平和、安穩或輕鬆、愉快等正面情緒。

2. 修養善良心性

培養慈悲、寬容、體諒、感恩的心，改善急躁、固執、貪婪、仇恨的習性，降低得失心，放慢生活步調，身心比較容易放鬆。

3. 凡事未雨綢繆

凡事宜儘早規劃，預作準備，此有助於以平穩的心來面對各種挑戰。

4. 尋求宗教解脫

宗教能幫助人們排除悲傷、絕望、仇恨等負面情緒，轉而懷有平和、安穩甚至喜樂、希望、慈悲等正面情緒。

5. 運用行為轉移

健行、慢跑、游泳、騎腳踏車、有氧舞蹈、瑜珈、太極拳等運動能使人分散對緊張、焦慮事物的關注，而達到放鬆身心的目的。

靜坐或禪定可使身體放鬆、思慮放空而達到身心調適的狀態。

從事發明或創作來紓解心中苦悶的情緒。

踢打沙包、狂歌、大笑，以發洩來釋放鬱悶或憤恨的情緒。

6. 藉助食品或藥物

巧克力糖能使人產生幸福、愉快的感覺。此外，全麥麵包、低脂牛奶、南瓜、菠菜、櫻桃、香蕉、葡萄柚等可能有助於血清素的分泌，使人抗壓性增強，較容易擁有好情緒。除了食物之外，醫師所開立的抗憂鬱藥物對於憂鬱情緒的控制也有一定程度的幫助。

(六) Take a Physical Examination（做健康檢查）

1. 定期做健康檢查，以便了解自己的身體狀況。

2. 有病要儘快看醫生，即時的一針勝過九針。

(七) Take Precautions Against Fatal Disasters（預防致命的危害）

1. 預防重大疾病

多加預防心血管、癌症等重大疾病外，對於肝、腎、肺、胰、胃等內臟器官也要注意保養。青壯年時即應儲存骨本，老年時要注意骨質疏鬆的問題，儘量避免跌倒造成骨折，尤其是脊椎或大腿髖骨頸部之斷裂。

2. 預防意外災害

凡事多小心，避免意外事故的發生，包括：一氧化碳中毒、火災、瓦斯氣爆、土石流、風災、水災、震災、盜匪闖入、食物中毒、藥物中毒、假酒中毒、異物梗噎、車禍、墜機、沉船、工機具夾捲、高處墜落、觸電、燒燙傷、有毒氣體或腐蝕性溶液傷害、溺水、毒蛇毒蜂或病媒蚊等叮咬、狂犬或野獸攻擊、鬥毆、刀槍傷、兵災、致死率高之病毒感染、雷擊等。

3. 支持環境保護政策，避免污染環境，以減少對人、對己之傷害。個人或家庭可配合執行的事項如下：

(1)避免排放對環境有害的物質

譬如：避免使用及排放含有毒性化學物質的家庭清潔用品，包括：洗碗精、洗衣粉、洗髮精、沐浴乳、去污粉、地板蠟、清潔劑等。

(2)種植草木，綠化環境

譬如：種植盆栽或開發屋頂菜園，一來可以提昇生活品味，一來也可以為環保盡一分心力。

(3)節約能源

譬如：使用省電之冰箱、冷氣、電燈等節能產品。出門多搭乘大眾運輸系統或採用比較省油或免耗油的汽車。節約用水及用電。

(4)響應資源回收政策

譬如：配合垃圾分類，以增加資源之回收。

(5)督促政府研擬並貫徹良善之環保政策

譬如：透過民意代表或媒體投書，進行監督或提出意見。

主要參考資料

01.《長阿含・世記經》 http://dblink.ncl.edu.tw/buddha/main_3a.htm 佛光山宗務委員會 佛光電子大藏經 長阿含

02.《史記》 漢 司馬遷 撰 http://dbo.sinica.edu.tw/~tdbproj/handy1/ 中央研究院漢籍電子文獻資料庫

03.《新譯老子讀本》 許作新 註譯 新世紀出版社 1981年初版

04.《解讀老子》 傅佩榮 解讀 立緒文化事業有限公司 2003年初版

05.《道的思想及其演變》 池田知久 著 黃華珍 譯 國立編譯館 2001年初版

06.《四書》 朱熹 編著 林松、劉俊田、禹克坤 譯注 臺灣古籍出版有限公司 2004年二版

07.《中國儒學》 劉宗賢、謝祥皓 著 水牛圖書出版事業有限公司 1995年初版

08.《新編墨子》 王冬珍、王讚源 校注 國立編譯館主編/出版 2001年初版

09.《Stories from Homer》 told by E. F. Dodd 書林出版有限公司 1991年出版
10.《柏拉圖理想國》 柏拉圖 著 侯健 譯 聯經出版公司 1980年初版
11.《韓非子今註今譯》 邵增樺 註譯 國立編譯館 主編 台灣商務印書館發行 1975年出版
12.《韓非子帝王學》 高白田穰 著 李常傳 編譯 新潮社文化事業有限公司 1988年初版
13.《喬達摩・佛陀傳》 美國佛教宏法中心 劉欣如 著 大展出版社有限公司 1993年初版
14.《長阿含・大本經》 http://dblink.ncl.edu.tw/buddha/main_3a.htm 佛光山宗務委員會 佛光電子大藏經 長阿含
15.《佛本行集經》 http://w3.cbeta.org/result/normal/T03/0190_001.htm 中華電子佛典協會 CBETA電子佛典集成資料庫
16.《金剛經百家集註大成》 夏蓮居 會集 普門文庫 1982年印贈
17.《佛學十四講》 財團法人佛陀教育基金會 1992年印贈

18. 《印度哲學》 姚衛群 編著 淑馨出版社 1996年初版
19. 《改變世界的科學家---牛頓》 Michael White原著 王道方 譯 牛頓出版股份有限公司 1992年初版
20. 《點破天機---孫子兵法》 韓撲、唐曉嵐 編著 驛站文化事業有限公司 2004年初版
21. 《舊唐書》 後晉 劉昫 撰 楊家駱 主編 http://dbo.sinica.edu.tw/~tdbproj/handy1/ 中央研究院漢籍電子文獻資料庫
22. 《新唐書》 宋 歐陽修、宋祈 撰 楊家駱 主編 http://dbo.sinica.edu.tw/~tdbproj/handy1/ 中央研究院漢籍電子文獻資料庫
23. 《資治通鑑・唐紀》 http://zh.wikisource.org/w/index.php?title=Wikisource:%E9%A6%96%E9%A1%B5&variant=zh-hant 維基文庫

24.《孫安迪之免疫處方---經絡篇》 孫安迪 著 時報文化出版企業股份有限公司 2005年初版
25.《莊子新釋》 張默生 著 臺灣時代書局 1974年出版
26.《解讀莊子》 傅佩榮 解讀 立緒文化事業有限公司 2002年初版
27.《向古人學養生》 張岫峰 著 元氣齋出版社有限公司 1999年初版
28.《黃帝內經・素問》 王冰 編著 旋風出版社 1979年出版
29.《生活中的毒》 林杰樑 著 宏欣文化事業有限公司 2003年初版
30.《營養治療的處方百科》 詹姆斯・貝斯、菲利斯・貝斯 著 謝明哲 總審定 李千毅 譯 世潮出版有限公司 1996年初版
31.《維他命聖典》 Earl Mindell 著 鍾東明 譯 笛藤出版圖書有限公司 1988年初版
32.《維他命効用和療法》 中川嘉雄 著 陳家棟 編譯 信宏出版社 1984年初版

33.《腸保年輕--腸內掃毒大作戰》 後藤利夫 監修 楊鴻儒 譯 多識界圖書文化有限公司2003年初版
34.《腸內革命》 李芳行 著 浩園文化事業有限公司 1997年初版
35.《基礎酵素學》 呂鋒洲、林仁混 著作 聯經出版事業公司 1991年初版
36.《食物酵素的奇蹟》 Humbart Santillo 原著 洪蕙炯 譯 世茂出版社 1998年初版
37.《生物學精要》 Teresa Audesirk等人 原著 王淑紅等人 編譯 高立圖書有限公司 2007年初版
38.《吃錯了當然會生病》 陳俊旭 著 新自然主義股份有限公司 2007年初版
39.《歐陽英生機食療排毒大全》 歐陽英 著 時報文化出版企業股份有限公司 2004年初版

40.《健康長壽》 中村達夫 原著 宗厚仁 譯 時報文化出版事業股份有限公司 1976年初版
41.《醫生沒教的1001飲食宜忌》 漢宇「精緻生活」編輯群 編著 漢宇國際文化有限公司 2006年初版
42.《飲食宜忌速查輕圖典》 三采文化編輯群 編著 三采文化出版事業有限公司 2008年出版
43.《運動與健康》 張宏亮 著 健康文化事業股份有限公司 2004年出版
44.《運動醫學講著---第二輯》 賴金鑫 著 健康世界雜誌社出版 1988年初版
45.《睡一個好覺》 黃席珍 著 城邦文化事業股份有限公司 2003年初版
46.《好家庭醫學百科全書》 地球出版社有限公司發行 世華文化社代理 1982年初版
47.《健康家庭醫藥常識百科全書》 葛卓言等人撰稿 怒江百科全書系列編委會編輯策劃 怒江文化事業有限公司出版 1986年增修

48. 《Human Physiology and Mechanisms of Disease》 Arthur C. Guyton and John E. Hall, W.B. Saunders Company, 1997年

49. http://www.doh.gov.tw/cht2006/index_populace.aspx 中華民國行政院衛生署網站

50. http://www.doh.gov.tw/FoodAnalysis/ingredients.htm 中華民國行政院衛生署食品衛生處 臺灣地區食品營養成份資料庫

國家圖書館出版品預行編目資料

多用立體思考，人生可以很幸福！／翁樂天 初版-
臺北市：博客思出版社 2010.1
15*21公分 含參考書目
ISBN 978-986-6589-17-1 (平裝)
1.思考 2.成功法 3.通俗作品
176.4 98022142

多用立體思考，人生可以很幸福！

作　　者：翁樂天
執行主編：張加君
執行美編：康美珠
封面設計：J s
出 版 者：博客思出版社
地　　址：台北市中正區開封街1段20號4樓
電　　話：(02)2331-1675　傳真：(02)2382-6225
劃撥帳號：18995335　　戶名：蘭臺出版社
網路書店：http://www.5w.com.tw
博客來網路書店、華文網路書店、三民書局
E-mail：books5w@gmail.com 或 lt5w.lu@msa.hinet.net
總經銷：成信文化事業股份有限公司
香港總代理：香港聯合零售有限公司
地　　址：香港新界大蒲汀麗路36號中華商務印書館大樓
電　　話：(852)2150-2100　傳真：(852)2356-0735
出版日期：2010年元月初版
定　　價：新台幣280元
ISBN：978-986-6589-17-1